岭南名家讲演丛书

中外文化因缘讲演录

讲演　蔡鸿生

整理　林悟殊　江滢河　黄佳欣

南方传媒
岭南古籍出版社
·广州·

图书在版编目（CIP）数据

中外文化因缘讲演录 / 蔡鸿生讲演；林悟殊，江滢河，黄佳欣整理. --广州：岭南古籍出版社，2025.3.
ISBN 978-7-80775-064-2

Ⅰ. G125-53
中国国家版本馆 CIP 数据核字第 2024W1H301 号

ZHONGWAI WENHUA YINYUAN JIANGYANLU
中外文化因缘讲演录
蔡鸿生　讲演　林悟殊　江滢河　黄佳欣　整理

出 版 人：肖风华

选题策划：柏　峰
责任编辑：柏　峰　张贤明　周潘宇镝
责任校对：唐金英
封面设计：张绮华
责任技编：周星奎

出版发行：岭南古籍出版社
地　　址：广州市越秀区恤孤院路 12 号（邮政编码：510080）
电　　话：（020）87776449（总编办）　020-87774479（售书热线）
印　　刷：广东鹏腾宇文化创新有限公司
开　　本：787mm×1092mm　1/32
印　　张：6.125　插　页：4　字　数：150 千
版　　次：2025 年 3 月第 1 版
印　　次：2025 年 3 月第 1 次印刷
定　　价：88.00 元　　　　　　　　　　版权所有　翻印必究

如发现印装质量问题，影响阅读，请与出版社（020-87778643）联系调换。

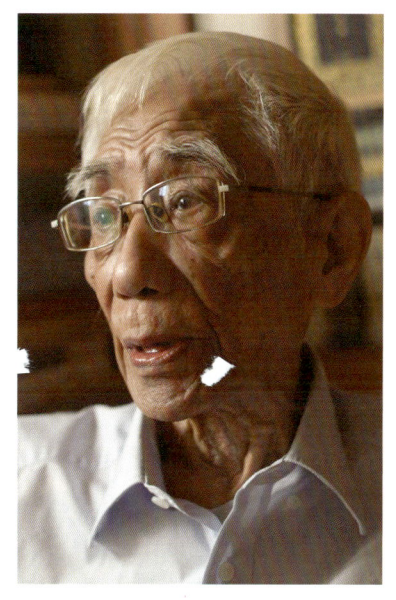

蔡鸿生像(1933—2021)(秦颖摄)

蔡鸿生教授在书房(秦颖摄)

中外文化因緣
CHINA'S CULTURAL INTERACT

蔡鴻生 CAI HONGSHENG
Professor Emeritus of History, Sun Yat-sen University
Visiting Fellow, Chinese Civilisation Centre, City University of Hong Kong

中山大學歷史系榮休教授
香港城市大學中國文化中心客座研究員

地點：香港城市大學康樂樓6樓中國文化中心視聽教室R6143　Venue : AV Room / R6...

15.10.2007 (星期一 Mon) 14:30-16:20	22.10.2007 (星期一 Mon) 10:30-12:20	30.10.2007 (星期二 Tue) 10:30-12:20	2.11.2007 (星期五 Fri) 10:30-12:20
《茉莉花》西傳 — 茉莉花東來與	西域獅子的華化形態	中國古代絲綢外銷政策的演變	唐人小說《崑崙奴》題材和情調
Jasmine and Jasmine Flower Melody: Spread to China... Melody: Spread into Mascon	The Lion From Central Asia: How It Sinicized...	China's Policies on Silk Exports: Evolution Through the Ages	The Kunlun Servant in Tang Fiction: Subject Matter, Tone and Mood

中國文化客座教授講座系列

LECTURES BY VISITING PROFESSORS

香港城市大学中国文化中心中国文化客座教授讲座系列

"中外文化因缘"海报(蒋晓耘提供)

中國文化客座教授講座系列

蔡鴻生 Cai Hongsheng
中山大學歷史系榮休教授；
香港城市大學中國文化中心客座研究員
Professor Emeritus of History, Sun Yat-sen University;
Visiting Fellow, Chinese Civilisation Centre, City University of Hong Kong

1957年畢業於中山大學歷史系並留校任教。1985年晉升教授，1991年兼任宗教文化研究所所長。專門從事中外關係史教學和研究工作，指導博士研究生及博士後研究人員。現為中山大學歷史系榮休教授。主要研究領域：唐代蕃胡的歷史文化、市舶時代的南海文明、俄羅斯館與中俄關係、清代廣州與西洋文明。主要學術論著：《唐代九姓胡與突厥文化》(北京：中華書局，1998)、《學境》(香港：博士苑出版社，2001)、《仰望陳寅恪》(北京：中華書局，2004)、《中外交流史事考述》(鄭州市：大象出版社，2007)。

中外文化因緣
CHINA'S CULTURAL INTERACTIONS WITH THE OUTSIDE WORLD

以下十講，包括五類：藝術(一、十)、文學(四、九)、宗教(二、五)、典章制度(三、七)和跨文化貿易(六、八)。縱向為綱，橫向為目，講述中外文化因緣的歷史輪廓。

茉莉花東來與《茉莉花》西傳
Jasmine and *Jasmine*: The Plant Settled in China, the Melody Spread to Europe
日期 Date： **15.10.2007** (星期一 Mon) • 時間 Time： 14:30-16:20

茉莉花是舶來品，隨南傳佛教移植廣州，並向江南和中原傳播，雅俗共賞，由此產生了民歌《茉莉花》，18世紀傳入歐洲，轟動樂界。

西域獅子的華化形態
The Lion from Central Asia: How It Sinicized into a Mascot
日期 Date： **22.10.2007** (星期一 Mon) • 時間 Time： 10:30-12:20

獅子作為西域貢品輸入中國後，其形象由猛獸變成瑞獸，在民間禮俗和造型藝術中大放異彩。

中國古代絲綢外銷
China's Policies on Silk through the Ages
日期 Date： **30.10.2007** (星期

中國古代絲綢外銷，牧歌式過程，它經歷過從

唐和
The Sub
日期
時間

潛水俠采

洛陽新發現唐代景教
The Nestorian Stone Luoyang: Its Historical
日期 Date： **5.11.2007** (星期

2006年在洛陽發現的可以看出唐代儒、佛、景之

市舶時代廣府的新
The "Maritime Trade" What's New That It Br
日期 Date： **7.11.2007** (星期

唐宋時代的市舶貿易一系列新事物在廣州興起坊)、新禮儀(市舶宴)和新

香港城市大学中国文化中心中国文化客座教授讲座系列

VISITING PROFESSORS 中國文化客座教授講座系列

唐宋市舶的海難救護
Disasters in "Maritime Trade": Rescue and Salvage
日期 Date：**13.11.2007** (星期二 Tue) • 時間 Time：10:30-12:20

　　常見海難有：風、礁、魚、盜。人力不濟則祈求神力，海神崇拜的物質根源即在於此。

清代廣州行商的西洋觀
A Cantonese Hong Merchant's Poems: Early 19-Century View on the Western World
日期 Date：**15.11.2007** (星期四 Thu) •
時間 Time：14:30-16:20

　　分析廣州著名行商潘有度(1755-1820)的《西洋雜詠》，評價其洋務觀念的時代特徵。

《紅樓夢》怎樣傳入俄羅斯
Dream of the Red Mansion: How It Spread to Russia
日期 Date：**21.11.2007** (星期三 Wed) • 時間 Time：16:30-18:20

　　清代北京的俄羅斯館，是我國漢學的搖籃，從中培養出第一代的「紅學家」，成為《紅樓夢》在俄羅斯傳播的媒介。

巴黎茶花女遺事的中華效應
The Lady of the Camellias in China: From Translation to Modern Drama
日期 Date：**23.11.2007** (星期五 Fri) • 時間 Time：10:30-12:20

　　法國作家小仲馬的名著《茶花女》，經林琴南的譯筆，在清末民初產生巨大的文化效應，並直接引發了中國話劇的誕生。

地點：康樂樓6樓中國文化中心視聽教室R6143
Venue：AV Room / R6143, Level 6, Amenities Building

語言：普通話　Language：Putonghua

莫高窟第9窟《童子骑竹马》
（盛岩海摄）

茉莉花（约1821年，奥地利国家图书馆藏。苏昕提供）

整理说明

本书是对蔡鸿生先生分别于 2000—2001 年度上学期和 2007—2008 年度上学期在香港城市大学中国文化中心中国文化客座教授讲座系列之"中外文化因缘"讲演实录的整理。

感谢香港城市大学中国文化中心保存了影像录音,感谢香港城市大学程美宝教授热心联络玉成,使得本书的出版成为可能。

首先,我们想说明的是,整理出版"中外文化因缘"讲演内容,是蔡先生的愿望。

本书最初的书名,蔡先生自定为"中外文化因缘浅识"。

2007 年蔡先生完成了在香港城市大学中国文化中心的十次讲座之后,就着手准备整理此书,并手书"中外文化因缘浅识"书名给本书责任编辑柏峰。《读史求识录》(广东人民出版社,2010 年)的封底页就曾"预告"此书的出版。

现将书名定为《中外文化因缘讲演录》,是符合整理的现实的。蔡先生生前仅完成了一篇讲演的整理,即《〈巴黎茶花女遗事〉的中华效应》[发表于《中山大学学报》(社会科学版)2021 年第 6 期,第 61 卷。本次出版将该文作为附录,附于讲演稿之后,供读者参考]。作为整理者,我们很难进行这样的整理工作。为了实现蔡先生的愿望，我们只能换一种方式，如实依据视频内容进行整理。

其次，要说明的是讲演录整理的体例问题。本书收录的讲演共 13 讲，前 3 讲因为 2000 年的讲座没有留下交流环节的影像，具体讲座时间也没有留下；2007 年的 10 讲，交流环节则有存影，通常蔡先生会讲一小时，留半小时左右的交流时间，后 10 讲整理了交流环节的内容。

整理蔡先生讲演期间，通过视频，在蔡先生熟悉的"潮腔普通话"中，仿佛回到了跟先生求教的时光。往事联翩，音容笑貌，浮现眼前。

感谢葛承雍先生惠赐景教经幢图片；感谢盛岩海先生惠赐《童子骑竹马》图片；感谢苏昕女士惠赐《茉莉花》图片。

我们也通过这本书，纪念、怀念、想念蔡先生。

2024 年 8 月 12 日

目 录

唐宋时期佛门织女的贡献 …………………………… 1

儿戏的文化功能 …………………………………… 11

哈巴狗源流与在古诗文的反映 …………………… 18

茉莉花东来与《茉莉花》西传 …………………… 27

西域狮子的华化形态 ……………………………… 37

中国古代丝绸外销政策的演变 …………………… 54

唐人小说《昆仑奴》的题材和情调 ……………… 70

洛阳新发现唐代景教经幢的历史文化价值 ……… 85

市舶时代广府的新事物 …………………………… 103

唐宋市舶的海难防护 ……………………………… 121

清代广州行商的西洋观 …………………………… 135

《红楼梦》怎样传入俄罗斯 ……………………… 152

《巴黎茶花女遗事》的中华效应 ………………… 166

附录：《巴黎茶花女遗事》的中华效应 ………… 182

唐宋时期佛门织女的贡献

各位老师、各位同学、各位朋友，非常感谢郑培凯教授很热情的甚且令我觉得还有点过分的介绍。实际上，今天有这个机会到这里来和在座诸位交流一下，我是非常高兴的。因为回归以前的时候，香港大学、香港中文大学、香港科技大学我都去过，贵校则是第一次来。学人家走江湖啊，初到贵地，多多关照（作揖）（掌声）。

今天讲题是"唐宋时期佛门织女的贡献"。唐到宋就是7—13世纪，讲这个时期中国比丘尼对纺织工业做出的贡献。因为在社会上，特别是由于戏曲的传播，比丘尼的名声很不好，但是比丘尼对于物质文明是做过贡献的，这不能埋没。所以希望今天在这里介绍一点基本情况，我准备分成三个部分讲一讲。

第一部分我们讲7—13世纪佛教中国化的三个表现。这个时期是中国文化很发达的时期，也是印度佛教明显中国化的时期。中国化实际上是汉化，而非包罗中国疆域内所有民族，毕竟中国还是以汉族为主体。

中国化的第一个表现在于观念上。中国本土佛教徒的观念发生了变化，最主要在唐朝的中后期出现了禅宗。佛教原本主张"佛在身外求",佛是在人之外的,但是禅宗兴起以后,禅宗提出一个口号"明心见性",佛就在人心中。人想要有佛性,就得把所染上的不洁东西不断排除,直到干干净净了,本性便显露出来,那就是佛性。这个观念在佛教史上起了革命性的影响。从对外求佛、拜佛,到佛性就在人的心中,这是一个翻天覆地的变化。但是佛性怎么激发或者开发出来呢?因为认定佛性在人心中,那就要进行这一项工作——参禅。实际上,参禅就是佛教徒里面的一种独特的对话。那是通过谈话来启发人,开发悟性,那些话可能教外的人听起来莫名其妙,和尚跟比丘尼有一些对话有点像谈恋爱,但是实际上并不是,只是语言方面类似。参禅是通过佛理的辩论来开发悟性,这一种做法在中国文化史上产生了很大的影响,开辟了除读经之外证悟的新渠道。既然只是谈的,也不是个个都谈得好的。真正的高僧才能够谈出佛理,才有思辨的效益。如果是一般的,只能称为得其行而不得其神,所以后来就演变成有一个我们大家都熟悉的用词,即"口头禅",就是变成在那里聊天。这是我想介绍的第一点,唐宋时期佛教中国化的第一个表现,就是观念方面的变化。

中国化的第二个表现在于形象。主要表现在佛教中神话人物的形象发生了变化。因为从最早印度传进来的佛教雕塑、绘画,是类似我这样比较瘦黑的,当然我不是印度人,是说魏晋南北朝时期留下来的佛教形象,都是偏干瘦的。但是到了唐宋时期就由瘦变胖,这里的"胖"并不是笨相,而是一种贵人相。也就是说,大量的佛教形象已经变成中国人,而且是中国人里面的贵人。

那更"离谱"的是一个什么情况呢?佛教进入中国后,有部分印度的佛门名人女性化,变成了女神。最著名的例子,大家经常看得到的例子就是观(世)音菩萨。观音菩萨在早期的壁画里是有胡子的男性,但到了宋代,已经彻底的女人化,而且被老百姓称为观音娘娘,已经到了称"娘娘"的程度了。宋代文人甄友龙的《题观世音像》是一首像赞,但从内容来讲,用现代的话来说,简直就是一首美人赞歌。也就是说,他本来写的是赞颂观音菩萨像,却当作一个美人来描写。这四句话是文言文,有点像楚辞:"巧笑倩兮,美目盼兮。""彼美人兮,西方之人兮。"大意是讲观音是个美人,这个美人是从西方来的,从装扮来讲,则是完全的仕女化,画眉穿裙。总之,佛教形象的中国化,在唐宋时期是很突出的。

中国化的第三个表现在于佛教徒的生活。本来僧尼是靠信徒布施,自己不用种地、不用谋生,但是唐宋时代的中国佛教要求把修持和劳作结合起来,有关佛教修养的活动叫修持。修持跟劳作结合之后,就出现了一个著名的口号:"一日不作,一日不吃。"他们在佛寺里面要参加一定的生产劳动,劳动有性别的区别:男人种地,女人织布。种地的和尚,有专有名词,叫农禅;会织布的比丘尼也有一个特定的名称,叫绣尼。刚刚好很对称:和尚农禅,尼姑绣尼。这就是说,佛院生活也发生了中国化,这种中国化本身就是世俗化,跟俗人缩短了距离,跟农夫、织女缩短了距离。

以上是要讲的第一个问题,佛教在唐宋时期的中国发生的三个变化:在观念上,在形象上,在生活上。

将佛门跟织女联系起来,是中国佛门特有的。印度佛门跟织女两者是不相容的,佛门里面没有织女,织女不能够出现在佛门。但是在中国,佛门织女不仅存在,而且做出了成绩。

最早的时候,比丘尼把做好的刺绣、绣作拿去售卖的地方,不是普通的市场,而是定期举行的庙会。北宋的首都那时叫汴京,也就是现在河南的开封。开封最著名的佛寺是相国寺,相国寺的庙会每月举行五次,初一、十五加上三个"八":初八、十八、二十八。一个月有五场庙会,那是很热闹的。庙会上有专门的比丘尼档口卖她们的绣作,包括花边、帽子、花饰。另外还有一种特别的织物叫作"特接",我怀疑就是现在的假发,意思就是"特别的接"。开封就有文献记载,当时有四个尼院的产品出现在庙会上。所以比丘尼织品数量是不少的。这是开封的情况。

除了首都以外,其他地方也有比丘尼为市场生产纺织品。首都以外当时佛教势力最大的就是在江苏和浙江,江浙一带一直到现代是比丘尼、和尚很多的地方。该地区著名的纺织品之一是罗,为一种丝织品。

大家知道古代汉语"网罗"这两个字是相联系的。"网"是一种渔具,织得比较疏,用网把鱼捞起来,水就会流掉。"罗"就是仿造网的丝织品,它有很细的孔,跟普通的布织得很密不一样。宋代的山阴县有大庆尼寺,地点在现今的浙江绍兴,这个尼寺中有显教院,院中的比丘尼所生产的罗,被称为"宝阶罗"。"宝阶罗"又称"宝花罗",是宋代浙江给朝廷的贡品,既可以列入贡品,证明必属很高级的著名产品。因为它是出自比丘尼之手,所以也称为"尼罗"。

第二种名产就是纱。纱跟罗不一样,罗比较重,纱就很轻，有一种"花纱"很出名，产地在宋代的抚州，也就是现在的江西临川县，当地莲花寺比丘尼生产的莲花纱也是名产，那是一种很薄、很轻、很细的纱。这种纱按文献的记载，每年整个比丘尼庵只能生产100段左右的花纱，是很稀罕的丝织品，自然供不应求。大部分的莲花纱是由朝廷收购，宫廷收购还满足不了，该怎么办呢？现在也有这样的现象：市场上正宗货不够，就会出现仿制品。宋代的莲花纱，正宗货叫寺内纱，仿制品叫寺外纱。寺外纱的价比寺内纱要便宜两到三成，这个也是很正常的市场规律。

后来到了明清时期，还出现一种绒布，这种被称为姑绒。姑绒是厚的，刚才讲那两种都是薄的丝织品。姑绒则是厚的毛织品。中国毛织品主要的产地是在西北，甘肃兰州是毛纺之乡，那里的比丘尼生产的一种厚绒布是很出名的，当时社会上流行这样一句话："南有女葛，北有姑绒。"那"南有女葛"指的是广东增城的女儿葛，跟它齐名的，就是产自甘肃兰州的姑绒了。姑绒是用上好毛料制成的，在明末价格很高，每匹十几丈长的要价100两左右。它的特点是"温厚光匀"，这四个字已经充分描写了姑绒的特色。所以当时姑绒是达官贵人才能买来做衣料，一般人不可能消费。

上面我讲的都是提要，没有很仔细地引经据典。总的来说，在绣尼出现之后，纺织工艺上出现了三种名产：尼罗、花纱、姑绒。它们都是中国比丘尼的名牌产品。正因为如此，我们才提出佛门织女作出贡献的问题。如果她们做的是很粗的土布，那不可能在历史上给她们留有位置，但是这些是名产，可以这么说，中国纺织工艺史上有三大名产出自比丘尼之手。那是了不起的贡献，因为一般来讲，和尚、比丘尼因寄生性被批评指责，虽然固然有这样的一面，但不可绝对化，把话讲死就被动了。他们实际上也有参与某种生产劳动，而且在生产劳动里面也作出贡献，这是不能抹杀的。这是我要讲的第二部分。

前面讲的属于事实，事实讲完以后，第三部分可能得讲一点学理。

中国出现了佛门织女，就意味着中国人能够从实际出发来接受佛教。这需要突破印度佛教的戒律，否则不可能出现。因此，这里需要讲一讲连同比丘尼制度一同引进的戒律是怎么规定的。中国古代早期没有尼，只有巫，也就是女巫。比丘尼是舶来品，跟咖啡之类的物产一样，是从外国引进的。尼姑最早叫比丘尼，这个字里面分两节，"比丘"就是乞士，男性出家人叫比丘，那是歧视性的称呼。女性出家人要突出其性别，就在后面加上阴性的词尾"尼"，"比丘尼"就是女乞士。你不管是乞士还是女乞士，总是要"乞"的，也就是说在印度就是靠别人布施为生。

印度比丘戒律有250多条，比丘尼有348条，后者比前者的大约多出了90条，可见佛门对女出家人有特别严格的规定。随便打个比方来说，这就有点像学校里定了两种学生守则，对男同学比较宽，对女同学却比较严。可以这么说，印度对佛门女弟子抓得也特别紧。其中跟我们所讲的有关系的戒律，就是规定不准比丘尼亲手纺织，也就是说比丘尼不能够"学世俗技术以自活命"，不能够像俗人那样，通过学手艺来养活自己。其他的规定还包括比丘尼不能单独行动，比丘尼出门的时候要有人做伴，等等。这些规定我们叫作清规戒律，是一个非常严密的封闭体系，把佛门与外界隔离开来，然后在精神生活里面去修炼。

至于物质生产，就明确划出一个禁区，所有属于物质生产的活动，被佛门排除在外。纺织手艺当然也被划入禁区的。那为什么中国的比丘尼后来可以从事纺织呢？比丘尼戒律是4世纪从印度译成中文传入中国，到了7—13世纪的唐宋时代，历经几个世纪的传播以后，慢慢改变了。由开头不准从事纺纱织布，到后来可以从事，并且出现我们第二部分讲的那些情况。那么，这背后是什么道理呢？

中国是农业社会，男耕女织是一个传统的分工，而且是一个非常牢固的分工，从印度来华的佛教，也不能不受到这种分工的制约。社会上男耕女织，经过一些曲折的途径，进入佛门以后，留下了烙印，这个烙印就是农禅、绣尼。众所周知，中国的男耕女织牢固到什么程度呢？牢固到有一个神话形式，这个神话形式就是牛郎织女。牛郎骑牛是因为"耕"，织女所干之事是"织"，合起来就是耕织。而且在传说里面，他们被银河隔离了，虽然是隔离，但是终归得有聚会，所以每年七月初七的七夕聚一聚。那用道理来讲就是这一种结合是牢不可分的，就算分开，神话也要来弥补，让他们在七夕有机会在一起结合。

因此，佛门出现织女，就是因为中国本土有这样一种文化根源，使得中国的佛教徒能够自觉地按照中国的实际情况去接受佛教。那么，这句话比较重要，就得写一写。（板书"以华情学梵事"）

宋代有一位高僧叫赞宁。这个人很有政治头脑，是很聪明的一个人。传说赞宁曾陪宋朝的皇帝到佛寺,一进大殿门就看到一尊佛,皇帝好像故意要考赞宁,就问:"赞宁大师,我要不要下跪?"那这个题可真的得好好答。他面对的是如何照顾两个"威信"的问题。皇帝当然有威信,但是佛祖没有威信吗?也有威信的。所以赞宁答得很妙:"皇帝是现在佛,释迦牟尼是过去佛。现在佛可以不拜过去佛。"这样就了结了。他是一个很聪明的人,由于他得面对以上这样的情况,我们就可以知道他为何提出"以华情学梵事"。"华情"就是中国国情、中华国情;"学梵事","梵"指的是印度,就是接受印度佛教。"以华情学梵事",就是按照中国国情接受印度佛教。这个人真的很有头脑的。

佛门织女就是运用"以华情学梵事"原则的例证。佛门会出现织女,正是因为比丘尼可以按照中国的国情去劳动。虽然佛门戒律不让纺纱织布,但中国传统却可以学牛郎织女那样去纺纱织布,这个是按华情,以华情学梵事。从这里就可以看到,戒律规定不能搞的事情去搞,就更接近俗人,成为世俗的一部分。比丘尼从事纺纱织布,为市场提供产品,这一种有个名词叫"世俗化",她的生活开始世俗化,接近俗人的生活,俗人纺纱织布拿去卖,她也纺纱织布拿去卖。

这里还有两个概念特别需要区分:世俗化跟腐化是两回事,不要把世俗化跟腐化混为一谈。在历史上,比丘尼里面确实也有一部分人是腐化的,但是腐化不是世俗化。世俗化明确指的是像佛门织女那一类的现象。腐化是另外一种,禅室偷香、尼庵相会那一类的现象。因为中国通俗的戏曲、画本小说,有相当一部分用比丘尼做题材,比丘尼在那里不会被描写成佛门织女，而是写她怎么偷情，怎么扮演历史上的第三者，破坏人家的正当婚姻，这一类的事情。

因此，比丘尼的形象很差，假如有事实的话，这种就属于腐化。腐化的比丘尼，在清代也有一个"很妙"的专有名词，叫作花禅，最轻度的理解是花枝招展的比丘尼，最重度的是娼妓化的比丘尼，后者也是出现在宋代，当然是作为个别事例。

宋代浙江出现了绣尼，也出现了花禅的雏形。现在临平市，原来叫临平县，在离杭州不远，尼寺里面设立一个奇怪的专门接待站，叫尼站。尼站中是谁"站岗放哨"呢？是把一些不听话的或者犯错误的比丘尼打入站中半软禁，然后让她接待达官贵人。这些人一来的时候，就请他们到尼站去，由这些犯错误的比丘尼去相陪吧。

历史上比丘尼出现的这些情况，花禅与绣尼，世俗化与腐化，因为混杂在一块。绝对不能够混为一谈，没有分析就没有学术。炒在一锅是不行的，所以我们一定要就这个问题做出一些明确的判断：哪些是属于这个类型，哪些属于那个类型。我认为中国的比丘尼史本来是中国妇女史的组成部分，但是没有得到重视，没有得到研究，只是给人家当笑话、笑柄，拿来谈开心。我个人觉得，这实际上是对比丘尼或者对妇女的一种歧视。这样的话，整部比丘尼史就被歪曲为艳史，好像谈情说爱史那样的艳史。但是从根本来讲，比丘尼史是一部痛史。

假如一个中国妇女生活过得正常、平安，顺利建立家庭、生儿育女，何苦去当比丘尼呢？她必定是遭受了挫折甚至苦难，无法自拔。因为在中国封建礼教宗法底下，妇女如果不听话，比如说她父亲给她找了一门亲，她不就范，那就只有死路一条，不嫁就只能去上吊、投水，死路一条。佛教传进来以后，有了比丘尼制度，就开了一条活路，不愿意嫁，也不愿意死的妇女，可以去当比丘尼，社会上能够"批准"的。当我们分析历史上所知的一些关于比丘尼出家的个案，可以看到多数是产生于悲剧。包括了社会悲剧、家庭悲剧、婚姻悲剧，当遇到这些悲剧，不顺心又没有办法摆脱，妇女才选择遁入空门。

清代浙江有一位很出名的老比丘尼，被称为大师。到她晚年老的时候，平常最喜欢唱的一首歌叫《娥眉最苦辞》。娥眉指的是女人，也就是说，女人最苦。她当了几十年比丘尼，到晚年对于苦难还是念念不忘。

总的来说，对于历史上留下来的对比丘尼的一些偏见，应该加以澄清、纠正。比丘尼史不是艳史，是痛史，比丘尼史不是风流史，是苦难史。

儿戏的文化功能

各位同学，上次我讲了比丘尼问题，今天讲儿戏问题。这两个问题不是随便选的，它们中间有联系。因为比丘尼是妇女问题，儿戏是儿童问题，"妇幼"连在一块。《庄子》中讲"嘉孺子而哀妇人"。"嘉"是表彰的意思，"哀"是同情，就是要表彰儿童，同情妇女。关于"表彰儿童"，今天我们就利用这一个多钟头讲一讲儿戏。

儿戏在佛经里面叫作童子戏。可以这么说，每个人都经过儿戏阶段。大家可以回忆一下自己小时候，也都有一个人玩或者跟人家一块玩的时期。一般来讲，这个时期是在学龄以前，还没有进小学，甚至没有进幼儿园的时候。儿戏的主要特征就是模仿性——小孩学大人。这种模仿性表现了人类一种最早的思维，可叫作原始思维。

下面我想分成四个方面讲一讲。

第一方面是从孟母三迁说起。这个故事可能很多人都知道。孟母搬过三次家，孟子是山东人，孟母姓仉，这个姓比较少见，读音是手掌的掌，是战国时代的人。三迁故事我们很简单讲一讲：孟子小时候，孟母带着他，住在靠近墓地的地方，孟子玩儿戏时，就学人家抬棺材、葬死人。孟母看起来不对头，说这个地方不适合居住，那就换第二个地方，搬家搬到了街道。在那里孟子学了什么呢？学人家做生意、讨价还价。孟母看起来又不够理想。第三次搬家，搬到学校旁边去了，这时孟子学的是对长辈、平辈人的一些礼节，孟母就觉得这个地方对孟子将来的成长是合适的，所以就在这里住下来。这个故事后来被编进了一部最流行的蒙书——《三字经》，成为这两句话："昔孟母，择邻处。"

首先我想讲的是，"孟母三迁"这个故事在国外的影响。很突出的一个事例是1829年俄罗斯出版了俄汉对照版的《三字经》之后，到了1830年，引起了很大的评论，受到俄国文化界高度重视。当时在彼得堡有一份很有影响的杂志《文学报》，就发表文章介绍《三字经》。为什么会引起高度重视呢？因为那时俄国正在讨论环境与教育关系的问题，教育尤其是儿童教育，同周围环境到底有何直接或间接的关系？《三字经》影响其中之一，就是把"孟母三迁"这个故事输入俄国，与此同时，与俄国教育界、文化界产生了关系，这是第一个问题。可以说，孟母是儿戏文化功能的发现者。

第二个方面要讲的，是唐代儿戏的类型与功能。中国儿戏从文献来讲，唐代记载得已经很详细。唐朝的诗文对儿戏有很多记载。我们在这里介绍一首诗，通过这首诗来看唐代儿戏的类型和功能。有一本书叫《宾退录》，书中有首诗叫《孩儿诗》。根据这首诗，唐代的儿戏有以下四类，实际上世界现代的儿戏也常常可以归入这几类的。

第一类是模拟型儿戏。此类在唐朝的儿戏里面占多数。其中一种是学"排衙喝道"。香港的古装电视剧都常常表现这种场面。官员尤其是包公出门的时候,有排衙顶在前面的、有喝道的、有清道的。"没有关系的人站开!"就是喝道。中国文化在礼节上跟西方文化有很大的差异,我们为了表示尊敬,要喝道,令闲人让路;西方,大家熟悉的是夹道欢迎,看到有人来的时候,好多人紧逼到身边去,表示亲热,这是不同的。排衙喝道,学的是"官",是模拟"官"。

另外一种是学人家敲鼓赛神,这就是模仿游神、拜神。第三种就是学唐代的苍鹘戏与柘枝舞。这是两种节目,一种是戏,一种是舞,这就是学戏。还有一种经常提到,就是拗了竹枝,当马来骑,这两句诗比较好,值得写出来。"嫩竹乘为马,新蒲掉作鞭。"蒲就是一种草,有马还不行,手上还得拿一根草作为鞭,这样才好玩。这种学的是什么呢?是学"骑"。

模仿型儿戏就是我们刚才讲的这四类:学官、学神、学戏、学骑。

第二类是竞技型儿戏,也就是比赛。在唐朝有种儿戏叫斗草,玩法简单,通常是拿两条草来拉(互相交叉用劲拉扯),一方草断则输。还有就是争球,那个时候已经有球了,球一定要争的。这都是唐代常见的。还有一种就是抛果,把果子抛上去,几个小孩子就去抢。也是唐代就有的。

第三类更加接近文化,是智力型儿戏。根据一首诗的讲法,"垒柴做木屋,合土做盘沿"。就是说像建屋子那样搭好柴枝,像做饭那样玩泥沙。还有一种"低控射蝇弦",这是什么呢?就是用小弓箭打苍蝇。现在打鸟还有小孩玩,但唐诗讲的是打苍蝇的事。

第四类是干扰型儿戏,平常讲调皮捣蛋,主要是指这一类。有两句诗是这么讲的,"恼客初酣睡,惊僧半入禅"。"恼客初酣睡"是说有客人在打瞌睡时,小孩去捉弄客人,干扰他休息。"惊僧半入禅"是说入禅本来是要安静的,但是小孩看见和尚在参禅,他又去捣乱。

从上面可以看出,这些游戏的功能大体上是两类:一类是通过模仿大人的行动,预习未来的生活,另一类是通过儿戏来激发智力。尤其是用泥巴学做饭,用木材学盖房子,此类儿戏可以激发智力。这是我要讲的第二个问题,唐代儿戏的类型与功能。

动手动脚的儿戏,是一种外部表现,从内部来讲,就是童心。所以第三个方面要讲的,就是儿戏与童心究竟是什么关系。

在中国文化史上,第一个提出儿戏与童心关系的是唐代大诗人王维。他最早提出"善习表于儿戏,利根发于童心"。"善习"就是好习惯,好习惯已经在儿戏中表达出来。"利根"是一个佛教的概念,佛教把人群分成三类:利根、中根、钝根,与我们平常讲把人分成上中下一样。利根就是慧根,童心里面已经有了智慧的萌芽。王维写这首诗时年纪已经很大,我们现在还得举出一个事例,说明成年人回忆儿童时代玩儿戏时,究竟是怎么想的。

明代的学者李贽,同时也是思想家,他曾专就"童心"写了一篇论文,叫《童心说》。他说:"童子者,人之初也;童心者,心之初也。夫童心者,绝假纯真,最初一念之本心也。"童心的特色就是"绝假纯真"。"纯真"两个字我们现在还经常使用,小孩的心是很真的,他不会作假,这就是童心的特点。最后他的结论是从童心讲到文章,"天下之至文,未有不出于童心者"。"至文"就是最好的文章,天下最好的文章,没有一篇不是表达作者纯真的童心。李贽的看法,实际上就是好文章就得有真感情,没有真感情就没有好文章。可见至文来自至情,文就是情的表达。

这里我顺便再讲个故事。清代有个木匠,他的母亲死了,他很悲痛地悼念母亲,又叫又喊,在这个很悲痛的时候,他说出这样的一句话:"叫一声,哭一声,儿的声音娘惯听,为何娘不应?"这是边哭边讲出来的话,动了真情。后来这几句话被文人记录了下来,就变成我们现在写出来的样子。人们认为这是一篇流露了真情实感的祭母文。

所以儿戏跟童心有着密切的关系,儿戏是童心的外部表现。儿戏有它正经的一面,但经常出现另外一个用法,在大人看来莫名其妙,好像捣乱。不认真的、随随便便的、捣乱的叫作"儿戏",也成为概念。但是儿戏是不是都该这样去看待它?如果这么看,那只是一种很表面的认识。因为儿童时期他还不成熟,这个时候他的思维、智力、理性还在发展中,所以有些大人看起来莫名其妙的动作。

法国 18 世纪有位著名的思想家、学者卢梭(Rousseau),在他的著作里面讲过一句名言:在儿童时期,人类的理性还在睡觉。为了说明这个问题,我想讲一首歌曲,内地流行了好几年,不知香港在座各位有没有听过?这首歌就是《世上只有妈妈好》,这是出自小孩的童心。假如照我们来想,这里应该加父亲进去,本来应该是"世上只有爸妈好",但是硬没有"爸"这个字,世上只有妈妈好,这是童心。假如小孩正很高兴唱这首歌,你跑到旁边去说,爸爸就不好吗?那就大煞风景。因为儿童认为好的只能是最亲近的,最亲近到什么情况呢?就是"吃谁的奶",所以叫"有奶就是娘",到这样的地步。老子(指父亲)想要"亲",但没有奶给他喝。他认识的只能是最亲的,出生喂奶这个时期是最亲的,那在他心目中,世上只有妈妈最亲最好,所以就唱成这样的歌。3岁的儿童会这么唱,如果23岁还这么唱就坏了,23岁还唱《世上只有妈妈好》,老子没有份,那是不行的。所以刚才卢梭那个论断,是非常深刻的。人类的理性有一个成长、发展的过程,在儿童时期,这个时候人类的理性还没有觉醒,所以小孩的表现,在大人看来莫名其妙,但完全可以理解,因为里面包含着最纯真的感情。这是我要讲的第三个问题,儿戏与童心。

最后,第四个方面要讲的是西学东渐与儿戏的近代化。因为现代的儿戏基本上玩的是西方的游戏,跟我们刚才讲的那些有很大的距离。这是从哪里来的呢?西学东渐是个漫长的过程,一般来讲从16世纪开始,传教士把天文学、地理学带进中国,一直到19世纪输入达尔文的进化论等等。西方游戏也有部分跟着西学传入中国,在中国传播。儿戏的传播主要是从19世纪的后半期开始。

最早进入中国的西方儿戏,我们知道的有以下4种。第一种是风车,小孩玩的风车据说是从意大利传进来的;第二种是积木,有从西方直接传进来的,也有相当一部分从日本传进来;第三种是气球,清末的时候,北京、上海都有不少儿童玩气球;第四种是木飞机。

从刚才介绍的情况可以看到,文化交流有很强的渗透性,

儿戏的文化功能

有一些我们没有注意的角落，像儿戏这种是被人家忽略的，也有这种过程。也就是说，西学东渐以后引起了儿戏的近代化，早期出现的风车、积木、气球、木飞机，到现在差不多中国传统的儿戏已经被西方的儿戏所代替，现在要找到我刚才讲的那些儿戏，大概只能到农村或者落后地区，那里才有保留。这给我们提出一个文化的问题，我们中国人的小孩从小就玩西方儿戏，用西方玩具，究竟合适不合适？但是如果搬出老一套，小孩又觉得不够味，那怎么办呢？所以传统儿戏要解决怎样适应现代条件的问题，让它出现创造性的转化。不要一玩就是"外星人"，因为那样的玩具从观念来讲距离比较大，而且费用太昂贵了，小孩买不起。我们刚才讲的那些儿戏，例如弄一条竹子，变成一只竹马在那里跑，那样玩当然很省事。所以儿戏的问题，也是从一个侧面反映中国传统文化究竟应该如何创造性转化，跟现代文化接轨。

我谈的儿戏问题，是一个很小的问题，但从儿戏里面，我们也可以看出普遍性的问题，就是整个中国文化应该如何更新，如何创造性地转化，如何由古代的文化，变成 20 世纪、21 世纪的文化。

哈巴狗源流与在古诗文的反映

今天我们讲哈巴狗源流的问题。哈巴狗进入中国，最早是非常体面的，并不是中国人去购买，而是朝贡的贡品。这个问题我将分成四个方面来讲。

第一方面讲的是哈巴狗怎样从贡品变成宠物。

哈巴狗作为贡品进入中国，是在7世纪，也就是唐代初年。根据《旧唐书》《新唐书》的记载，我们能够知道哈巴狗入华的绝对年代，而不是估计的：公元624年，哈巴狗第一次进入中国。它到中国安家，至今已经1300多年了，可谓历史悠久。"哈巴狗"并不是最早的贡品名，而是"拂菻狗"。"拂菻"是唐代对东罗马的称呼，可以这么说，哈巴狗最早被称为拂菻狗。后来西域各个国家，也陆陆续续把哈巴狗送到中国。贡品谁能接受和享受呢？只有宫廷，因为贡品是送给皇帝的。

根据唐代文献的记载，著名的杨贵妃就喜欢玩哈巴狗。作为唐明皇的妃子，唐明皇有一次跟其他的皇子在下棋，杨贵妃抱着一只哈巴狗在旁观战，她看到唐明皇快要输了，就把哈巴狗放上棋盘捣乱，这样就分不出输赢了。这说明哈巴狗虽然已输入中国，但只是宫廷中的玩物，因为数量有限，别人不可能接触到。

到了宋代，著名的皇帝宋太宗可以说是哈巴狗迷，他喜欢到什么程度呢？他在生时，不仅养哈巴狗来做伴，而且定下遗嘱，死后要哈巴狗帮他守陵。也就是说，生生世世他都愿意跟哈巴狗结在一块。

到了元朝，元朝首都元大都就是现在的北京，那里有不少人家养这种狗，那时候的一个名称叫金毛猱狗。

到了明朝，宫廷、民间均有养哈巴狗。明代的名称是獬犰，后来被简化成"哈巴"，这些都是俗字。著名的《红楼梦》研究者俞平伯先生，他的曾祖父俞樾是清代很著名的学者，也注意到这个问题，他讲哈巴狗的原名，应该就是"獬犰"这两个字，"犰"这个字，中国的字书里面是没有的，实际上是个俗字。

大家手上的那份表（见《历代哈巴狗异名录》），是从中国史书、诗歌、文章、笔记中统计出来的，可以看出唐、宋、元、明、清这五个朝代哈巴狗的名称有什么变化。现在所知一共有21个名称，以后看到新资料，可能还会有增加。从这21个名称大家可以看到，第一类名称是以地名来定名。比如说拂菻狗、康国猧子、波斯狗，哈巴狗跟这些地区有关系，当时是作为贡品进入中国。

第二类名称是以它的体型和毛色定名，这个为数众多。例如，人们喜欢的是形体很小的哈巴狗，以小为贵，而不是以大为贵。小到怎么样呢？明代有个名称叫马镫狗，就是小到可以穿过马镫。清代有个名称叫鞋狗，就是小到可以放进鞋里。照毛色定名的例子，是把哈巴狗叫作花子，花子就是毛色不纯，花的。

历代哈巴狗异名录[①]

朝代	名称	地区
唐	拂菻狗	高昌
	康国猧子	长安
	白雪猧儿	长安
	花子	洺州
宋	猧子	汴京
	桃花犬	汴京
元	金毛猱狗	大都
	哈巴狗儿	亳州
明	獬犴小狗	北京
	矮爬狗	杭州
	马镫狗	杭州
清	波斯犬	北京
	哈巴狗	北京
	西洋花点子哈巴儿	北京
	拂菻花	北京
	鞋狗	北京
	虎头狗	扬州
	洋狗	扬州
	哈巴细狗	广州
	短狗	广州
	番狗	广州

[①] 本表摘自蔡鸿生:《蔡鸿生史学文编》,广州:广东人民出版社,2014年,第733页。

第三类名称比较特别，出在《红楼梦》，名比较长，叫"西洋花点子哈巴儿"。这里就突出了"西洋"，前面讲东罗马、康国、波斯，那是属于西域，《红楼梦》讲的是西洋。那就是说，明清时代还有一种就是从海路输入的狗，主要是从欧洲引进的。如果大家熟悉澳门史就会知道，当时这种西洋狗，是经澳门进入中国，所以就叫作"西洋花点子哈巴儿"。以上是我想讲的第一个方面。

第二个方面，讲讲清代中国的三个养狗中心。

这种狗在中国经过长时间的繁殖，便有些养狗专业户贩卖，这才能够在社会传播、扩散，要不只是宫廷里面才有。所以从贡品到宠物转变的途径有两条：第一是本土化，在中国繁殖，变成中国种；第二是商品化，这种狗可以买卖。由于本土化和商品化，哈巴狗才会从贡品变成宠物。

上面简单讲了本土化。现在讲第二个话题商品化，这意味着当时这种狗的养殖已经不是个别的。我们从记载里知道，到了清代，在中国已经形成了三个养哈巴狗的中心，第一个在北京，第二个在扬州，第三个在广州。这是清代三个养哈巴狗最多的城市。

当时哈巴狗在北京庙会上贩卖，价钱很贵。扬州富有的人家喜欢到北京购买哈巴狗来玩，史料并没有讲在扬州繁殖了多少哈巴狗。

当时扬州人到北京选哈巴狗，是有标准的。跟买货一样，要识货，买回来才有用。扬州人的标准是三个字：雄、灵、小。"雄"就是很猛；"灵"就是很精灵，很猛但不精灵是不行的；第三个就是要"小"，小就是巧。所以，要很猛、很精灵、很小巧才好玩。大概现代的养狗人，他们的选狗标准可能也比较接近扬州人定的这三字标准。

第三个中心就是广州。在清初，广州养哈巴狗就已经相当出名。清初统治广州的是尚可喜，他被封为平南王，他们父子两代统治广州将近30年。他的大少爷最喜欢养哈巴狗，不仅给他的狗都起了名，而且还要他的仆人在得空时，给它们穿上用丝绸做的狗服，抱着到街头去玩。广州的地方文献就讲到，广州的市民很怕这种狗，怕冲撞、得罪了它。一看到尚王府的哈巴狗出来游街，大家都避开，不敢去惹它。尚氏家族就是当时广州最出名的养狗主，后来尚家败落，尚家大少爷也被清朝赐死。

在尚家过后，清朝发展对外贸易，广州设立海关，开了洋行，就是远近闻名的十三行。此时，哈巴狗最大的养主就由尚王府转到十三行，十三行养哈巴狗是最出名的。广州人喜欢吃狗，但是大家都不会养哈巴狗去吃的。可以这么说，凡是属于观赏的东西是不能吃的，或者说不好吃。我们常见的观赏型生物，比如说金鱼、鹦鹉，就是好看不好吃。哈巴狗也是如此。

十三行的西洋商馆有两个行，一个是荷兰人开办的商行，一个是瑞典人开办的。在19世纪中期，这两个商行的哈巴狗都曾失踪，在广州街头贴过告示：如果谁搜罗到这两只狗，就请送回，有重赏。有人开玩笑说可能给广州人拿去煲了，那不一定会去煲的，后来也没有下文，究竟找回来了没有，并没有记载，只是记载到出了告示。

清代形成这三个养哈巴狗的中心，我想在这里讲一点道理。原先在唐宋时代,哈巴狗是在中国西北部出现的,像唐代的首都在长安,宋代的首都搬到汴京,也就是现在的河南开封。到明清时代,养哈巴狗变成在东南一带,扬州、广州这些地方。可以这么说,哈巴狗的传播,是跟中国经济重心从西北往东南转移的总趋势是一致的。西部经济已经由先进变落后,现在西部才开始再开发,所以后来就是在东南一带流行养哈巴狗,西北一带倒没怎么听说。这是关于三个养狗中心的说明。

下面讲第三个方面,是关于诗人、词人对于哈巴狗的宠爱。

有些文人也喜欢这种狗,既然喜欢,一旦狗死的时候会很悲痛,要写诗、写词来悼念它。我们这里只举出诗人、词人各一位。这位诗人也兼画家,是扬州八怪其中的一位——金农。他非常宠爱自己养的哈巴狗,经常给它备好肉。到这只狗死的时候,他就写了一首《哭狗诗》。所以他的朋友,著名诗人袁枚就觉得金农太好玩了,一只狗死了还要写个哭狗诗,那么认真。在他为金农写的一首像赞就有"忽供鸡谈,忽歌狗曲"之句,像赞就是在画像旁边题字。"忽歌狗曲"不是说狗有一首歌曲,而是用歌曲来歌颂那只狗,也就是刚才讲的,那只哈巴狗死了以后,他写了一首哭狗诗。

清代有一位著名的女词人顾太清,她是旗人贵族,也养了一只哈巴狗,这只狗有点像她自己很宠爱的丫头,顾太清也给它起了名,大概因为那只狗有两坨毛,像小女孩头上结的两团头发,她便起名"双鬟"。等到这只狗死的时候,她悼念这只狗所填的词,用的词牌是常见的浣溪沙。我们不需要全文去介绍这首词,但里面有几句话是要紧的,还是值得讲一讲,因为很生动。"妆台侧,衔脂弄粉,难忘小芳名。"就是说,在她的梳妆台旁边,小狗双鬟的嘴咬着化妆品,脚耍弄着化妆品。"难忘小芳名",是说她对这只狗念念不忘,小芳名就叫作双鬟,寄托了很深的感情。从这里我们可以看到,假如是有文化的人养哈巴狗,就有移情的作用。对这只狗的生死很关切,把它看作是朋友、很亲密的人,这就是移情。

哈巴狗这么得宠,究竟是什么道理?接下来就讲第四个方面,豢养哈巴狗的心理分析。

养宠物的现象,我们从心理上究竟该如何分析呢?关于这个问题,我们很容易做的一个初步分析,就是讲它好玩、有趣。养宠物者觉得这种狗,它猫不像猫、狗也不像狗。因为跟中国的狗一对比,它显得非常奇特。它是矮脚的、长毛的,而中国的狗是长脚的、短毛的,对比起来就觉得很有趣。这种"有趣",从心理来讲,就是观赏心理。因为还有另一句话:"百无一用是哈巴。"养哈巴狗没有什么用途,它又不是用来看门、打猎的,养在那里"百无一用",但是它好玩又有趣。这是从观赏心理来分析、来认识哈巴狗,很多人都倾向于这么看。

进一步来说,还有另外一个心理分析,就是有闲者的消费心理,这是第二个心理分析。一开始我也不懂,也只是以有趣的观赏心理来看待,后来是看了美国著名经济学家凡勃伦(Thorstein B. Veblen)写的一本很出名的书《有闲阶级论》。巧合的是,书里面就有一段在分析养哈巴狗者的心理,究竟为什么会把它变成宠物?他直接用到了"宠物"这两个字。用他的原话比我自己的解释还好,我在这里也念一念:"荣誉的浪费可以通过一只奇形怪状的狗而获得反映,因此这只狗间接地有其社会价值,于是在说法上和概念上略作转换,它就变成了宠物。"

凡是养这一类宠物,必定要花出很高的代价。第一是购买,买回来后到家里,还得给它备好专门的食品,生病的时候还得给它找医生,而且这种狗是很贴身的,人睡的时候它也可以爬到枕头边,出门也跟着,所以这种狗的清洁卫生是一个最大的问题,如果没有做卫生处理,那就不可能把它抱在胸前。所以除了饲养以外,随之而来需要另一笔费用,使这只狗变成一只干净、好玩的狗。这样一大笔消费,一般人是做不到的,只有有闲的人才有这个可能。所以,养哈巴狗也变成一种身份的象征,养得起哈巴狗,成为带有炫耀的消费心理,因为它跟实用毫无关系。很多商品从实用角度看,价值是有限度的。比如说我们买支笔,只要可以写就好;买个表,可以知道时间就行了。但如果追求很名贵的,那就符合凡勃伦这个理论,这构成一个消费心理,用来表现他的身份。

总之,哈巴狗作为宠物,同时跟两种心理有关,一种是观赏心理,一种是消费心理。人并不是懵懵懂懂来养一只狗,养狗也有养狗的道理,凡勃伦进行了分析,我们也可以认识。

总结一下,今天我想就哈巴狗源流这个问题,主要是从这么四个方面来介绍。第一,哈巴狗怎样从贡品变成宠物;第二,清代中国三个养狗中心;第三,诗人、词人对哈巴狗的宠爱;第四,哈巴狗被宠爱的心理分析。希望可以为大家提供一点参考,因为我相信,在座不会有多少人专门去养狗,但是社会上有这种现象,我们要去认识。广州养狗政策是很严的,但是香港电视上,狗的食品、比赛都很多。养哈巴狗、养宠物的现象,同时也是一种文化现象,既然是文化现象,我们就尽可能对它做出一个解释。我前面这个介绍很简单,是一个初步的解释,提出来供大家参考。

茉莉花东来与《茉莉花》西传

(2007 年 10 月 15 日下午)

今天的题目是"茉莉花东来与《茉莉花》西传"。我们平时常见的茉莉花,并不是土生土长的花,是一种舶来品,传入中国有两千年左右了。"茉莉"这两个字,我们现在听起来也不觉得有什么番味,但实际上这是一个音译名,原来无义。从词源来讲,这是一个借词,古代印度的梵文称这种花为 mallika,后来尾音脱落,剩下 malli。历史上佛教从印度经锡兰到东南亚,再传入中国的这一条路,也就是南传佛教之路。所以泰国、柬埔寨也和中国一样,把这种花叫作 malli,"茉莉"是汉语的借词,这个系统来自印度。欧洲则不然,英语为 jasmine,俄语为 Жасмин,音译均为"耶悉茗",是来自波斯语。茉莉花有两个原产地,一个是印度,一个是伊朗,欧洲是借用波斯语,我们汉语借用梵文,也就是印度语。

在汉代,经海路来广东的船,最早上岸之地就是广州。大家以前可能也听说过,广州是南传佛教的西来初地,广州还有一个地方就叫"西来初地",同时也是茉莉的"西来初地"。茉莉最早是在广州繁殖,再往内地传播。广州有一个地方叫花地,在珠江南岸,又名花田,这是一个茉莉花的生产基地。清代的时候,有一批花农靠种茉莉花谋生,他们把花从珠江南岸运到对面,卖给珠江北岸的市民,那个地方就叫花渡头。广州的花市最早基本是茉莉花市,当然后来品种慢慢多了。

因此,广州和茉莉花很早就结缘了,尤其是在花地,种茉莉花、卖茉莉花的主要是花农里面的少女,她们被称为花田女儿。清代有一首诗这么说:"花田女儿花作命,衣花食花识花性。"就是说她们靠花来维持生活,所以对花非常了解。

茉莉这种花,并非很有观赏价值,不见得很美,好多花比茉莉漂亮,但没有茉莉花香,茉莉花最突出的花性就是香。

茉莉花香也并不只限于给人家闻的,它有多种用途:

第一个用途是"供"。主要是供佛,我们平常讲"借花献佛"。我们的茉莉传自印度,在印度称"鬘华"。

第二个用途是"簪"。用茉莉来做女性头饰,通常是在两边插定,可左可右,但不会插中间。只有戏剧中的傻丫头,才会把一朵花插在正中间。

第三个用途是"熏"。主要是用花熏茶,做花茶,北京叫作花片。北京的花片是由福建和广东的熏茶发展而来的,这是由花香引申出来的。

第四个用途是"炼"。就是提炼香油、香精。茉莉花经过提炼后,其花液据说还有一点疗效,可以防治疯癫病。

刚才很简单说明了茉莉花受欢迎不是由于好看,而是由于特别香。因此,在广州繁殖以后,它也逐步由南往北向内地传播。最主要的是往江南和中原传播。当时这种传播,乃由于王室、贵族的需要。

宋代的时候,有一个名词相信大家都很熟悉,叫"纲",大家看《水浒》就知道里面有生辰纲。此处的"纲"字,即

茉莉花东来与《茉莉花》西传

指专向运输,生辰纲就是祝寿礼品的专向运输。除此之外,还有第二种纲也很出名,就是香药纲,实际上就是专向运输香料去杭州、开封。第三种就是花石纲,即皇家建园林时所需用到石头和花卉。

宋代这三种纲是很出名的,花石纲是其中之一。有这么两句宋诗,讲了花石纲由南到北的传播,"荔枝乡里玲珑雪,来助长安一夏凉"。"玲珑雪"就是形容小茉莉很白,像雪一样;"荔枝乡里"是指闽粤两地。这里的"长安",是首都的意思,不是指西北陕西的长安。开封可以叫长安,后来杭州也叫长安。从产荔枝的地区传来的小茉莉,起了什么作用呢?"来助长安一夏凉",就是给首都带来一种清凉的感觉。这是一种感觉,并非花本身是一种冻品,带来了清凉,而是大量种在宫廷园林中的盆栽,起到消暑的作用。

讲到这里,我顺带讲一讲,我们旁边的又一城商场有个中式餐馆,招牌是中英文对照的,英文写的是 jasmine,问题是中文名叫"八月花",为什么会这样呢?我看到以后,也想了一下原因,它应该是用茉莉的花期来做花名。茉莉有春、夏、秋三个花期,照阳历计算,夏季8月份的花期是最旺的,一来产量多,而且特别香。所以又一城商场里面的餐厅叫"八月花",而不叫茉莉花。第二个原因,我猜想,"八"是广州人的神秘数字,供楼要八楼,电话号码要八,申请车牌也要八,那八月花就很好。刚才讲了,本来的花期是春、夏、秋,我们可以想到,它为什么不叫"正月花"呢?还是这个"八"字好。第三个原因,是跟广州的民俗相关。茉莉是舶来品,舶来品的译音无定字,只是按音来译,可以写出各种不同的字。所以 mallika汉字有9种不同的写法，仅次于巧克力，巧克力写成汉字有12个名。茉莉有一种写法——"没利"，广州人颇忌这两个字，听起来最没有意思，连猪舌都要叫猪脷，哪能有一种花叫"没利"的？

以上是广东的民俗，然而各地的民俗，差异是很大的。相反的，另外有些地方，用"没利"这两个字大做文章。明代信佛教的人这么说："没者，无也。谓闻此花香，令人觉悟而好利之心没。"就是说，多闻闻茉莉，人的好利之心就会消退。这是另一种不同的解释。

因此，茉莉进入中国以后，大体是这样一个情况：由南到北传播，雅俗共赏，影响了民俗。以上是我所讲题目的前半段"茉莉花东来"。

既然茉莉雅俗共赏，并且在民间传播，慢慢便有了赞美、歌颂茉莉花的民歌。江苏就留下了这种民歌的记录，这是一种民间的小调，明代开始被提到，清代正式用中国的古乐谱——工尺谱来记录。现在流传下来的是道光元年（1821）的一本书——《小慧集》中所记录的歌唱茉莉花的小调，但当时这个民歌名是《鲜花调》。《鲜花调》一共有三段，第一段跟现在不一样，它是"好一朵鲜花，好一朵鲜花"这样的，然后第二段才是"好一朵茉莉花，好一朵茉莉花"。这首歌跟我们现在唱的词不太一样，但谱子基本是一样的。因此，江南小调《茉莉花》，最早是用工尺谱记录下来的《鲜花调》。

《鲜花调》在明清时期就已经流传开来了。18世纪末，中英有一次很重要的外交活动，英国派了一个庞大的外交代表团来给乾隆祝寿，他们来的时候携带了大量的礼品。这种礼品，

茉莉花东来与《茉莉花》西传

按照中国人的习惯，称为贡品。本来礼是礼，贡是贡，不过，清代把外国代表团带来的礼品全部当成贡品，说他们是来朝贡的。当时这个代表团是以团长来命名，叫作马戛尔尼（George Macartney）使团，马戛尔尼是个勋爵。这个代表团既然携带了大量贡品，就有专人管理。贡品总管是一个青年人巴罗（John Barrow），也有译成巴劳的。他随代表团在中国活动，记录了当时的《鲜花调》。回英国后，他出版了一个旅行记，叫《中国行记》，其中就用五线谱记录了《鲜花调》，词译成了英文，标出名称是Moo-Lee-Wha，也就是"茉莉花"。这就是最早在英国传播的《茉莉花》，时间已经到了19世纪初。

这个时候，歌还没有唱出来，只是《中国行记》记录了。那是在什么情况下唱起来的呢？是在意大利的歌剧中。意大利歌剧大师普契尼的著名歌剧《图兰朵》里吸收了《茉莉花》的旋律，研究者曾经做过统计，《图兰朵》中的各种场景，《茉莉花》的旋律出现过11次，有合唱、合奏、独奏等多种形式。随着《图兰朵》歌剧的流行，《茉莉花》这个旋律也慢慢被欧洲听众所熟悉。在《图兰朵》里面出现的《茉莉花》，它是要表现人的心理状态，表现生死爱恨这些东西。所以就是说，普契尼吸收了《茉莉花》的旋律，但表现的一些思想内容实际上发生了变异，并不是在意大利歌剧里原原本本地唱一遍《茉莉花》。为什么普契尼会吸收这首歌呢？因为《图兰朵》是讲一个中国公主招亲的故事，所以就用《茉莉花》来渲染跟中国公主这种身份相适应的一个氛围。

这是《茉莉花》传到欧洲的情况，18世纪末传入，19世纪初开始在社会上逐步为人所知。

现在我们经常听到的《茉莉花》，从谱到词，都很规范，宋祖英去美国举行个人演唱会，就唱了《好一朵美丽的茉莉花》。那一首是定型、规范了的《茉莉花》，就是经过作曲家加工，经过二度创作，而变成了一首规范的《茉莉花》。这个"加工人"是谁呢？是江苏一位部队的作曲家何仿。抗日战争的时候，他在江苏记录了这首民歌，然后经过他的加工，《茉莉花》正式定型于1957年，刚刚好就是50年前，然后在北京演出，从此传唱海内外。

这首定型了的《茉莉花》，它的传播联合国教科文组织也出了力。1982年，联合国教科文组织向世界推荐《茉莉花》，并且作为亚太地区的音乐教材。到了10年前，香港举行回归仪式的那个晚上，在会展中心的开幕式上，就是仪式开始以前的时候，作为背景音乐播的，就是这一首已经定型了的《茉莉花》。这是我要讲的此题的第二段，《茉莉花》这首民歌如何传入欧洲。

现在两段已经讲完了，我们可能得归纳一下。一种花卉传入中国，一首民歌传到欧洲，都是"茉莉花"。从这样一个事情，究竟我们是否可以从中求出一点学理呢？这是我个人的一点体会，提出来供大家参考，听取大家的批评。

第一，歌曲作为一种事物，它本身也是活的、有生命的，《鲜花调》是原型，然后《图兰朵》里面的旋律是变型，到何仿二度创作，整理下来的是定型，（板书：原型—变型—定型）定型之后，是不是还会发展呢？可能以后还会再发展，不是说《茉莉花》也就到此为止。这是第一点可以参考的，传播不是原原本本的，当初去到欧洲是那样，后来又进一步完善，它是一个过程,有一个观点我觉得相当好,就是要把历史过程化。讲历史的时候,要把它看作是一个过程,不是孤立地讲一件事情。

第二,文化交流的形式会转换。茉莉花是以物质形态传入中国的,是一种花卉,但中国再传入欧洲的,不是中国去欧洲卖茉莉花,而是中国一首名为《茉莉花》的民歌。这就是一个形式的转换,由物质的也可以变成精神的东西。假如还是以物质形态从中国出去,可能就没有这么多话可说。如果当初引进的是茉莉花,广州拿到英国卖的也是茉莉花,那还有多少话说呢?这样的话,就没有很多的文化内涵。但在文化交流中,物质形态进来,后来变成精神形态出去,这就看到文化传播里面一些复杂的现象。

今天这一讲是用植物来讲作为物质进来,又作为精神出去。下一讲是讲一种动物——狮子。狮子是中国原来没有的,它作为一个物种进入中国,物质进来,然后中国的狮子舞又再"舞"出去,又是精神形态。我们能够说明的,大概就是这类的问题,这是我一个很粗浅的认识。我讲的就这么多,剩下的时间,请在座各位提出,我们大家一块议论。

1. 问:定型的《茉莉花》可不可以听一听?

答:可能我们没有准备的,这首是平常经常听到的,(听众中有人唱起"好一朵……")对了,你都会唱了!著名歌唱家宋祖英唱的,就是已经定型化了的《茉莉花》。大家问起这个问题,我觉得很可惜,本来应该是广州歌、粤调!因为最早传入广州，后来广州本地的人又会创作一首粤曲或其他曲传出去，这样就相称。可惜不是这样的，后来传出去的是江苏小调。当然，广州也好、江苏也好，都是中国民歌，不过我们作为广东人，总是觉得有点遗憾，假如传出去的是粤曲，那就更好。

2. 问：我看一些图片，法国盛产香水，他们用的 jasmine，跟我们的茉莉花花形是不一样的。法国的 jasmine 有点像百合花的形状，小小的。我想请教 mallika 跟 jasmine 是不是同一种花？

答：我知道一个材料，刚才没有讲，就是在茉莉花的原产地印度，波斯我没有资料，印度茉莉花的品种，根据不同的统计，起码有 49 到 70 种。因为同样一种花，但是花叶、香味等还有很多细微的差别。正如玫瑰，玫瑰在欧洲就是 rose，在中国分出三种，玫瑰、月季、蔷薇，分得很细。这位先生刚才讲的是对的，同样是这个名称，它是大类，原产地一个在伊朗，一个在印度，一个 jasmine，一个 mallika。汉语是从印度借入，欧洲语言是从波斯借入，这些线索现在看起来比较清楚。

3. 问：我想问一个很小的问题，您刚才讲到《茉莉花》小调西传，我们中国各个民族、各个地区有这么多小调，为什么这首《茉莉花》在国外这么流行？是不是因为《图兰朵》对它的宣传？还是有其他原因？

答：《茉莉花》后来广为传播，肯定与歌剧《图兰朵》的创作和演出有很密切的关系，但因为《图兰朵》是在马戛尔尼使团之后，所以看起来可能要考虑歌剧为什么要用《茉莉花》。因为歌剧的题材当然是虚构的，不是讲英国公主、意大利公主，它讲的是中国公主。简单来讲，中国公主的爱情故事配以中国民歌小调的旋律，是最合适的。

4. 问：很多中国元素，因为带有文化烙印，我们觉得很平常，很自然会喜欢。但外国人在看中国的东西的时候，他会有一种选择性，有些题材是他喜欢的，有些是看不明白的，或者不了解背后意义的，他可能就不会喜欢。这是从形象上来讲，那抽象上来讲，这种现象是否也存在？例如音乐就是抽象的，西方人是否对某些曲调会更喜欢？他们为何没有把北方高亢的调子传到国外，而是选择南方柔美的曲调，是否也有一种选择性在其中？

答：这个问题应该这么看。我们经常讲历史有必然和偶然的关系，文化交流是一个必然的趋势，但碰巧18世纪末巴罗选中《茉莉花》传过去西方，其实中国还大有很动人、感人的民歌。广州花地有很多花，马戛尔尼从广州花地的花农那带回去的是玫瑰，现在欧洲有一种玫瑰就叫作马戛尔尼玫瑰。现在看起来，文化很复杂，甚至我自己觉得还有点神秘，我们还没有办法揭开。但是大体上有些东西是知道的，例如礼节。

比如说，有人开玩笑说，洋人碰到朋友，伸手跟人家握手；中国人看到朋友，自己抓自己的手抱拳。是不是？这是个现象，但从本质来讲，它有它的道理。最重要的是表示友好，让你的朋友有安全感。欧洲这个现象，起源于中世纪男士的佩剑风尚，用右手拔剑，准备跟对方斗剑。我将拔剑之手伸给你，绝对是友好的表示。而中国也是同样的心理根源，人会进行某种袭击、动手动脚，那是不礼貌的，甚至包含某种危险。而把自己的手抓住，就不会做出不礼貌的动作，充分表示友好。

诸如此类的现象，我认为，文化方面中西有差异，但从我们自己的观念来讲，差异不是缺陷。这牵涉民族自尊心的问题。比如，我跟你在处理这件事情上不一样，并不等于我因此而落后，有好多这样的例子。就像洋人最忌别人问私人的事情，但中国人非问不可。包括问太太在什么单位工作，有几个小孩，好像只有问到这些才亲切。大家在香港更知道，洋人是很忌讳别人问此类问题，感觉隐私被摸底了，人家是很反感的。我们恰恰觉得这是亲切的，就喜欢问，第一次见面的朋友都可以问爸妈、子女的情况，问起来觉得很正常。吃东西也是这样，洋人自己管自己的，中国人吃饭围成一圈，互相劝，有说有笑。这是文化差异，但不是缺陷，不是说我们喜欢问长问短，在洋人面前意味着我们落后还是野蛮，因为文化背景不一样。所以有句话说，入港随湾，入乡随俗。我们如果到欧洲生活，是不能坚持中国这一套的，在那里是不合适的。

如果进行比较，就会发现不同的文化是在不同的历史环境中形成的。现在尤其是内地，跟国外的交往越来越多，常常碰到这一类的问题，这还是日常生活方面的。比较深层的，涉及观念方面的就更加麻烦。比如个人主义，多少年来在大陆名声很臭，但在欧洲就不会，文艺复兴以后，个人主义兴起，社会才有了进步。像这一类问题，都要结合当时的背景，学习和批评都不应该孤立地看，得联系起来，这样的认识才会比较合理。

西域狮子的华化形态

(2007年10月22日上午)

今天的题目是"西域狮子的华化形态"。讲这个题目，首先要说明的是中国本土并不出狮子，那狮子是怎么从国外来到中国的呢？它是朝贡的礼物，叫贡品。前面我们讲过的茉莉花就不是贡品，而是舶来品，是用船运到中国来的进口商品。贡品是外国送给中国的礼物，"下对上为贡"。本来国与国之间是平等的，但中国古代是高高在上的。礼品是物以稀为贵，贡中国所无，才显出其贵重。中国的猪很多，如果拉一头猪为贡品，那意义不大。但中国没有狮子，牵一头狮来华，就显得很珍贵。

照历史文献的记载，第一头贡狮是在东汉来华的，具体年代是公元87年，现在是2007年，第一头狮子进入中国，距今已有1920年了。如果以整数计，狮子入华已有约两千年的历史。这头狮子是由月氏国进贡的。接着第二年，公元88年，第二头狮子由安息进贡而来。这都是古代西域或西亚国家的名称。这两个地方，月氏和安息，当时流行东伊兰语，照语言学的研究，东伊兰语称这种动物 ši，最早是跟中国"师"字古音相近，所以用一个熟悉的中国字代表这个音，那就用老师的"师"。最早的狮子，用的是字"师"，又因为这是一种动物，后来在使用过程中就加了反犬旁，写成"狮"。

狮子这种动物，在西亚、南亚都是很有地位的。最主要是作为王权和神力的象征。尽管这种猛兽，在西域被称为百兽之王，虽然是作为贡品来华，中国人却并不是很喜欢。一般贡品入华之后，用途无非两个，一个是好看，一个是好用。狮子很凶猛，在中国曾被称为"狰狞之兽"，不好看也不好用，因此不受欢迎。

正因为如此，虽然狮子作为贡品而来，中国人有时却不接受，用古代概念来表述就是"却贡"，即把贡品退回去。从汉代一直到明代，外国都有贡狮，有些接受，也有些退回。

第一次却贡出现在唐代武则天时期，具体年代是696年。但是，西域后来还是继续进贡狮子，因为他们觉得最名贵，从他们的民族文化背景来讲，送一头狮子是非常隆重的，但是中国这边不接受，又再退回。到了明朝，弘治二年（1489），撒马尔罕来贡狮，当时礼部尚书倪岳陈述不接受的理由，可谓义正词严："非殿廷之美观，非军旅之可用。"意思就是说，既然不好看也不好用，那么还留着干嘛，那就退回去好了。却贡进一步的理由是："狮子乃夷狄之野兽，非中国之所宜蓄。"就是说狮子这种贡品，不只是没有用、不好看，而且还有威胁。毕竟是一种凶猛之兽，非中国所宜蓄养。

最后一次贡狮是到了清初康熙年间，由葡萄牙所进的，具体年代是1678年。耶稣会传教士利类思（Ludovic Bugli）还专门写了一部著作《狮子说》，给清朝皇帝和当时的社会上层看，从狮子的物种意义进行说明。因为他是传教士，所以把神学和近代动物学结合起来，目的是歌颂造物主。但是，这样一部西

西域狮子的华化形态

洋人写的书,也没有办法说服中国人接受狮子。

到了近现代,中国一些大城市开辟了动物园,在园中养狮子,如果想要看,可以去动物园。如果不去看活狮的话,中国人也熟悉狮子,因为还可以看另一种形态的狮子——石狮,在宗教活动场所或者街上都会看到。

讲到这里,要提请大家注意的是:西域狮子本身作为一种物种,与其留存于华夏人心目中的形象,是有明显区别的。在这第一个区别中,作为真实动物而言,活生生的狮子在中国是不受欢迎的;但作为造型艺术的狮子,不只在中国受欢迎,还落地生根,大放异彩。

第二个区别,是原生态的狮子形象和中国化形象的区别。具体来讲,香港汇丰银行门口的狮子,就是原生态的形象,就像动物园我们看到的狮子;而在一些庙宇,例如黄大仙祠,我们看到的是中国化的狮子。

这个区别是很要紧的。归根结底,"西域狮子的华化形态"要讲的,就是原生态的狮子怎么变成中国化的狮子。表面上来看,是容易区别的。主要表现是在头部,原生态的狮子,狮脸突出成三角形,而且披发。中国化的狮子形象,头发梳得一卷一卷很漂亮,另外狮脸变圆变扁,这是一个非常表面的差别。

接下来想要说明的,是从文化形态来看,中国化的狮子究竟有什么特征,以及这些特征跟中华传统文化的内在关系。

狮子形象进入中国,第一个碰到的问题是定位。应该把狮子摆在何处?就像家里来客人,第一个问题也是定位——请客人在哪里就座。狮子也是这样,一进来就要定位,因为中国这个"客厅",已经摆着龙、凤、龟、麟"四灵"了。狮子进来之后，不能够"坐上位"，不能够"插队"进入四灵，例如在龙凤后面插进狮，它必定要在四灵之下。狮子在中国怎么摆位，也要自圆其说。因此出现了一种传说，龙生九子，狮排第五，狮子不仅不能跟龙平起平坐，还是龙的儿子。这就把狮子压得很低。

因此，西域狮子形象进入中国之后的地位，简单记忆的话，必定是狮在龙下。有两个表现：

第一是表现在浮雕、石刻和壁画等美术作品，不会出现狮子凌驾在龙之上的画面。

第二是表现在中国人的服饰上，主要是官服。现代已经没有特别的官服了，而古代的皇帝用龙，清代王子和亲王的袍子正中也是一条很圆的龙，称团龙纹。一、二品武官是穿狮子袍。在服装上体现出来也是狮在龙下。

以上是第一个问题，关于狮子华化形态进来之后的定位。

狮子第二个的华化形态，也是狮子华化形象中至要的一条，就是狮子缩回舌头。

印度的狮子形象，佛经中写得很清楚，狮子是百兽之王，它的形象就是"吐赤白舌"。中国早期的狮子石刻，如南京的郊区六朝时期梁代的陵墓，其石雕形象是吐舌头的，但后来到唐代以后，舌头缩回去了，不再有吐舌头的狮子形象了。这是什么道理呢？中国传统文化认为，舌头被称为灵根，不宜外露，宜藏忌露，吐舌头是怪像、丑像、鬼像。有种鬼叫无常，戴着高帽，就是吐舌头的。有些小孩看到人也喜欢露舌头，大人会赶紧制止。

因此，西域的狮子形象来到中国以后，首先是摆正位置，第二就是把舌头缩回去。舌头不能外露，这不符合中国传统文化的要求。一直到现在，我们看到的狮子形象只是张口露牙，就没有吐舌了。这就跟西域狮子形象大不一样了。

狮子第三个华化形态是人狮和谐。西域留下很多美术作品是人狮斗，包括一些被艺术史称为伊朗萨珊王朝风格的人狮斗，尤其是人骑在马上，反身跟狮子斗的形象，就是典型的萨珊风格。来到中国以后，就把人狮斗改成人狮和谐，不是斗，而是在那里玩。突出表现在铜镜、瓷器、刺绣、织物上都有狮子戏绣球的形象。因为球是由人抛出来的，不然球不会自动跑到狮子面前，所以狮子玩球也是跟人玩，由人狮斗变成人狮和谐，这是非常重要的变化。中国传统文化讲究天人合一，自然跟人类要和谐，这种变化也是按照这样的需要。

最后第四点，也是狮子的华化形态很重要的，就是狮子在中国不是表现为群狮，也不是表现为单狮，而是表现为一个家庭——狮子成双结对，带着小狮。这也是中国狮子形象的重要特征，比如一对门狮就有公狮、母狮，右边是公狮，左边母狮，公狮右爪抓住球，就是刚才讲的玩绣球，母狮用左爪按住小狮子。父母加小狮构成一个家庭。我看了以后开玩笑说，这完全符合内地的计划生育的要求，两夫妻生一个孩子。

在中国文化里面，这种情况被称为家族化，即狮子在中国家族化。在西域、希腊、罗马，他们把狮子比喻为人，是拟人化，但没有家族化，这就发生了变化。狮子家族化是来到中国后特有的，这是由于中国传统文化里面的家族本位，这个烙印很深，狮子进来以后也要盖个"家族章"，把狮子"组合"为一家，摆在门口。

家族本位的观念是中国社会基础，是社会关系中最牢固的部分，而且一定影响其他关系。比如师生关系，洋人教师是教师，学生是学生，是没有父子关系的。而中国是有的，称老师为"师父"，师父的太太为"师母"。这就在教育制度上打上了家族关系的烙印。子弟，反过来称"弟子"，本来是"非弟非子"的。政治制度，也是如此。比如官民关系，本来官就是官，民就是民，但中国称"父母官"和"子民"。出现了"爱民如子"之类的话。所以中国古代"国"和"家"连在一块，叫"国家"。这两个字不是随便拼凑的，可以这么理解，在中国，国是家的扩大，家是国的缩小。

因此，家长很有尊严，在早期，家长甚至可以处死家庭成员，才说家是国的缩小；国是家的扩大，才会有"爱民如子""为民请命"之类的话。近代中国引进民主概念的时候，弄得一塌糊涂，什么叫民主？"为民做主"。为民做主就是民主啊？为什么要歌颂包青天，是因为他挺身而出、为民做主，但为民做主并不是民主，需要别人为他做主，怎么是民主？像这一类的例子，就是家庭关系、家族观念在其他方面留下了很深痕迹和烙印。在狮子形象方面，本来隔得很远，也还是打上了烙印。

关于狮子的华化形态，中国的狮子形象就是母子狮和绣球狮的结合。最后狮子形象的定型，有画论作出理论概括。如果只是画师，可能只知道该怎么画，如果要规范化，就需要画论。清代广东新会画家郑绩写的画论《梦幻居画学简明》，出版于1866年，书中就规范了狮子的画法。石狮的营造规格，则是另外一本书，清代扬州作家李斗在乾隆六十年（1795）出版了《扬州画舫录》，书里面讲到该怎么造石狮，提出了营造的规格。所以，中国狮子虽然有大有小，但形象基本差不多。这是狮子形象的华夏化，即中国化。

这种中国化的狮子形象，为民间喜闻乐见，大家看见狮子，会觉得很亲切。所以狮子跟中国的民俗，有很密切的关系。在建筑物前面，最常见的是门狮，门狮的形象是定型的，不是卧狮，像汇丰银行的是卧狮，那就不是中国狮，也不是走狮，而是蹲狮，前腿直、后腿屈。另一个特点是成对，刚才已经讲了，功能就是门卫，起辟邪的作用。这种功能的起源很早，东汉就出现了镇墓狮，唐代宫廷里有镇座狮，就是皇帝的宝座前有两头狮子。门狮还跟比较高级的府邸相联系，作为一种门卫。比如《红楼梦》的贾府，门口就有两个石狮。

除了门狮外，中国民俗中出现的第二种狮子形象是舞狮。现在所知，舞狮起源于唐代，当时称五方狮子舞，五方就是五色，就是有五种颜色的狮子在跳舞。但这五种颜色也不是平起平坐的，黄色的狮子只有皇帝才能舞，特别尊贵。东西方的文化观念是不一样的，西方把黄色看得很不好，中国不止把黄色看得好，而且很尊贵，只有皇帝能用，其他人使用的话就要撞板。唐代著名诗人王维在担任官职时就触犯过，有一次头脑发热居然舞了一次黄狮，当然不至于被杀头，但要处分，后来就被罢官。这种狮子舞后来经过长时间的发展，在南北各地普及，舞狮变成一种家喻户晓、喜闻乐见的中华风土舞。这种狮子舞，实际上是舞蹈、武术（功夫）、百戏（杂技）三样的结合，变成了一种综合性的民间艺术活动。

中国民俗中出现的第三种狮子形象是糖狮。主要是在民间的一些节庆活动中，用糖做成狮子来供神，也就是做贡品。中国饮食文化注重四方面：色香味形。形也不可忽略，但也不要花太多的工夫，因为最重要的是味。现在市场化以后，对于饮食业，人家也有不少议论，说没有花力气去搞味，没有把真味攻出来，那样才好吃。现在注重色，把颜色做得很鲜艳，这是容易的，用色素就可以做得闪闪发光；另外就是香，香也可以做得很窜鼻；还有形，例如雕成白兔、尾巴长长的孔雀。这些都属于包装性的，如果味被忽略，那就不好。味是最主要的，其他几样兼顾了，那就很完美了。

糖狮是一种造型，把糖做成狮子的形状，清代江浙一带已经很流行，广东也有做糖狮，如果不是糖狮有市场，就不会写进书里。明代有本很著名的书《天工开物》，相信大家都听过，里面就有专章讲兽糖的制作方法，要经过熬糖、入模、脱胎一系列的工序，才做出来糖狮。

中国民俗中出现的第四种狮子形象是神狮，就是用狮子来保佑六畜兴旺。因为家畜除了自然死亡之外，最大的威胁就是发瘟。例如有牛瘟、猪瘟、鸡鸭瘟等，驱逐各类动物瘟疫，是要求狮子来保佑的。据我所知，崇拜狮子以保佑家畜，是出现在四川和湖南。在四川民间，如果牛有病，赶快就要念一份"狮子神疏"，念完之后用火烧，希望狮子能保佑耕牛。在湖南民间，信奉狮王大圣，就是崇拜狮王大圣来保佑家中的猪，免得染上疾病。直到现在，四川、湖南都是农业大省，所谓天府之国、鱼米之乡，猪、牛对于这些地方，都是很要紧的，所以特别发展了狮子的一种功能——保佑家畜。

本来历史上狮子没有这个义务的，这个功能是来到中国，

西域狮子的华化形态

在中国两个农业很发达的省份,发展出来的功能。这叫作神的功能化,也就是说神是人造的。人之所以要造神,是因为神对人有用,神被功能化后,人觉得神威力大,就被人所敬畏,由功能化再进入人格化,就把神当成人来崇拜。所以,神的功能化比人格化要早,在狮子这个问题上也表现出来。

讲到这里,我们可以小结一下。作为贡品进入中国的狮子,是不太受欢迎的。但经过改造的狮子形象,在中国却是受欢迎的,那就是我刚才讲到的四个方面。这是按照中国传统文化的一些基本原则来改造的,比如说天人合一、家族本位。外来文化来到中国,要经过改造才能融合。

在狮子这个问题上,也有人把刚才讲的这些,叫作狮文化。因为现在"文化"一词用得太烂,我不敢去用它。现在样样都是文化,本来不可能什么都是文化的。例如厕所文化、鬼文化。内地有些书或报纸上,用得很滥,那就不好。所以在这里,我就没有专门直接去讲狮文化,而是讲狮和文化的关系。

天人合一、家族本位的问题,一直到现在对中国人、中国文化,都还有很深刻的影响。现在有些人很自豪,说天人合一就是环保,可居的环境应该如何营造。古人是注重环保的,但他不是自觉的,不是说古人的环保意识比我们还强,但古人已经注意这个问题。有两句古诗是大家熟悉的,"好鸟枝头亦朋友,落花水面皆文章"。这听起来多好!现在要有好的居住环境,我看千言万语离不开这两条,就是花和鸟。有花有鸟,必定是空气好的地方,空气好的地方环境就好,要不然花长得不好,鸟根本不来。

南宋诗人陆游有另外一个讲法"花如解语还多事,石不能言最可人"。这是一个有点发牢骚的说法,意思大概是这样,花都够招惹人了,假如花还会讲话,那就麻烦了;石头出不了声,但是人家反而喜欢它。这两句话也是在花、石上面做文章,但却是另外一个含义。

无论如何,人和自然的关系,因为东西方确实是不一样的,西方的观念是征服者和被征服者的位置关系。"征服自然"我们也讲了多年,但事情往往如此,自然也有抵制的,现在就出现大量这样的现象,整个地球的天气、海平面的水都出现异常。所以就是说,天人合一这个问题,以前被认为很玄,但里面有真理性,就是人跟自然该如何协调。

讲回狮子,凶猛的狮子起初被认为是狰狞之兽,后来跟中国文化,而且不只是精英文化,还有民间文化,融合到这种程度,那简直是惊人的。狮子舞一出笼,就知道那里一定是华人区,洋人是不会舞狮的。狮子由外来文化变成本土文化,成为中国文化的一种标志,大概没有一种外来文化,像狮子这样,华化的影响这么厉害。上次我讲茉莉花的时候,也是这样的一条入华之路,但影响的范围、深刻的程度,那是不能相提并论。我就讲到这里,看大家有哪些问题,提出来一同研究。

1. 问:您提到"灵根不能外露",爱因斯坦却有一张吐舌头的照片很出名,对此您有什么看法?

答:因为爱因斯坦不是照中国文化行事的。我看过那幅照片,是在他过生日的时候,记者去拍照,爱因斯坦故意装出那个相,把舌头吐得很长,给记者拍照。其实,他自己对这种世俗性的东西，并不是太感兴趣。并不是有人来祝寿，就更应该正襟危坐，或者装出笑脸，给记者们赶快拍，他不是那样。他是以平常心来对待这些东西，你既然很专门来拍相片，我干脆扮一个相给你看好了。

我们看见爱因斯坦很多照片，他穿着很随便，很朴素。比如有一幅他讲学的照片，他在写板书，就穿了一件球衣。但在一些场合就要讲究，中国人也学，在广州我有时也觉得我穿得不好。例如采访、拍摄某些人时是在书房，书房是个工作照，西装革履，戴好领带，那样穿着的话能够读书写字吗？那是出去参加宴会形象的照片，不是出现在书房的形象，我们在书房也许就穿一件睡衣，纽扣还都可以不扣得很整齐，平常在书房里面就是这个样的，怎么会是西装革履？我说这是摄影记者导演出来的嘛，是不合适的。所以我想，刚才那个问题，爱因斯坦也是如此，你要拍我就拍，很自然的。

2. 问：您能不能讲讲，新年舞龙、舞狮的狮子是什么样的？

答：广州乃至珠江三角洲，舞狮都是很流行的，香港也有舞狮。国外唐人街也有舞狮的，我来这里，就选一些比较有代表性的。茉莉花也很流行，舞狮也是很流行，就是日常生活里面容易接触到的东西。

3. 问：中国文化中的麒麟跟狮子是什么关系？

答：刚才我讲了四灵，龙、凤、龟、麟，实际上四分之三是神化动物，只有一种是真正的动物，就是龟。麒麟它也跟龙凤一样，组合了好几种动物的特征。麒麟跟长颈鹿有关是因为发音，非洲东部桑给巴尔的长颈鹿当地叫作 Giri，跟"麒麟"这个发音相近，本来长颈鹿跟麒麟是毫无关系的，但是明代中国船员到东非，听到 Giri 这个发音，只能用两个他熟悉的汉字表达，那就是"麒麟"。并不是麒麟这两个字的语源来自东非，而是明代人把东非长颈鹿的名称套用到国人熟悉的"麒麟"身上。

又比如说，昆仑奴是来自古代马来群岛的一个词语 Kurung，这个音对中国人来说，最熟悉的就是昆仑山，那就用这两个字，来表现这两个音节。因此不能够倒过来讲，说"麒麟"的音就是来自东非桑结巴尔的长颈鹿。

后来四灵这几种神话动物也瓦解了，"老龟"后来名声不好，被排除了，变成了骂人的话。另外那三种神话动物，剩下龙到民国之前，是跟天子挂钩的，真命天子就是龙。龙床、龙位之类的，当然后来我们也讲"龙的传人"，这个就是那么说说而已。实际上，它不是传统文化，而是民俗文化。天人合一是传统文化，龙、凤、龟、麟是民俗文化。

4. 问：您说到五方狮子舞代表五种颜色，除了黄色以外，还有哪些颜色？会不会是东南西北都有一种颜色的狮子？

答：这倒没有明确列出哪五种，是不是五狮就构成五种，但里面只讲出一种黄。黄的这种狮子，只有皇帝才可以去舞，别人不能舞。也有可能东南西北各有一种颜色的狮子。中国说东南西北为四方，加上"中"就是五方，六合就是东南西北加上下。所以有几种讲法，五方狮子可能是五种常见颜色，其中包括黄色。但是中国的黄色跟西方不同,曾经有一位意大利学者问我,中国人怎么也很喜欢黄色?我说中国人喜欢的,不是西方人心目中的"黄",是金黄的"黄"。中国人把黄色当作珍贵的,是因为金黄,因为金子也是黄色的,可贵的是在于金。

5. 问:为什么外来的狮子比我们本地的老虎更受欢迎,更加普遍?

答:这个问题很难判断。因为我们很难在狮子和老虎之间比出美和丑,怎么能讲狮子就会比老虎好看呢?或者老虎比狮子丑呢?这个标准很难立的,但两种都是猛兽。由于文献关于狮子的记载很多,我们就有这么长一席话可以讲。实际上是物以稀为贵,中国没有的东西就觉得特别珍贵,我们有东北虎、华南虎,还有武松打虎(笑),假如中国没有的,就觉得很惊奇。食品、用品、药品好多都是这样的。比如说花旗参很灵,在美国也不见得,洋人不见得跟旅美华人那样,特别迷信花旗参。

6. 问:起初为何要做糖狮?可以吃吗?

答:那是供品,供神、拜神的。可以吃,因为原料是糖。但我建议如果看到糖狮,最好也不要吃,因为有苍蝇会飞过去。(笑)

7. 问:我想知道狮子中国化是什么时候开始的?

答:狮子的中国化,程度是不一样的。我们刚才是把相关的东西系统化，归纳成为四条。实际上照我来看，是由浅入深的。一进来以后，最早还是地位的问题。至于变成母子狮等这些，是比较后的事，唐代就还没有。西安郊区的几个唐陵，里面石狮大量是走狮，后来宫廷里面大量出现镇座狮，那是宫廷使用的，一般的朱门、豪门还不能使用。后来慢慢普及了，现在尤其是产石材的地区，例如福建泉州那一带，普通老百姓家门口也可以摆两头狮子，那是没问题的，没有这个禁忌。这些事情是逐步定型的，等到我们现在 21 世纪，作为一席话来讲，好像就很整齐了，狮子华化形态有几个特征、是什么样的。但历史上是一步一步形成的，看起来地位的问题是比较早明确的。

8. 问：我想问刚才您提到狮子不是原产于中国，以前有人提出狻猊也是狮子。林梅村教授在这里讲过，他认为狻猊就是狮子，狮子的音从西域传来，发音变成了狮子的名字，而西域我们可以认为是中国的，也可以认为不是中国的，古代中国强大的时候，西域就是在我们的范围内，打败仗的时候，西域就不属于我们中国的。所以我们也可以说，狮子是中国的，不过是在西域地区。我想知道狻猊是不是就是您说的狮子？

答：林梅村的确有这么一说，狮子虽然不是中国的，但像狮子的狻猊，中国古书是有记载的，这个确实是的。但什么叫作狻猊，也讲不清楚，因为它带有神话色彩，说它走得飞快，一天可以走很多里，实际上是不可能的，并没有那样的高速公路给它走的。也就是说，从它奔跑的速度可以知道，狻猊这种物种有神话色彩。它有点像狮子，但没有物证可以指证，说中国文献的狻猊是现在动物园中看到的某种动物，但狮子就能够指证。所以，要讲中国本土也有狮子可能很困难，主要是没有证据，因为历史上有记载的狮子，全部是作为贡品输入中国的。假如中国有狮子，可以成为却贡的理由之一，说不要再送了，我这里有。但中国却贡的理由没有这一条，只是讲狮子很凶，又不好看，又没有用，又难伺候。难伺候我刚才还没有讲，现在知道很出名的有两种狮，一种是中亚狮，一种是非洲狮。当时从西域来的是中亚狮，中亚狮出发的地点，大体上是现在的乌兹别克斯坦，也就是从阿姆河地区，送狮来长安或洛阳，主要还是送到长安，因为武则天喜欢住洛阳，刚才讲到武则天那一次，是送洛阳的。从中亚到中国的路程这么长，要经过多少天具体不清楚，但一般来讲要两三个月。一头狮子照文献记载，每天要吃两头羊，然后还要有配料，需要一些酱料才好吃。配料一个是醋，一个是蜜，还有乳酪。开出来的菜谱是这样的：羊两头，配以醋、蜜、酪各两瓶。这还只是供它吃的，还不能让它骑马或骑骆驼来，要装铁笼，里面锁着铁链，还要有驯狮人跟着，一路护送而来。因此，贡狮的代价是很高的，所以来到中国遇到却贡，就是中国决定把狮子退回去，驯狮奴就说他没有办法带狮回国，因为再也掏不起回程的钱，伺候不了狮子，来的时候是送来当贡品，是有人出钱的，现在说不要了退回去，还得从长安带回去乌兹别克，那是不行的，他伺候不了。所以走不到多远，就给杀掉算了，这样比较省事。这个是书上记载过的事例，也是唯一我们知道的却狮的命运。被却了以后，是不是平平安安回老家养老呢？那是不可能的。所以狮子一直到明朝，作为贡品是不受欢迎的，有观念上的原因，也有经济原因，因为代价太高了。

过去当然会把狮子神化，因为过去不可能让多数人看到狮子的，只有皇帝的御花园才能看到狮子。不像我们现在，买张动物园的门票，就能去观察一下，所以狮子容易被涂上一些神话的色彩。但石狮又已经变形，真正的狮子不是中国刻在石头上那个样，中国文化的影响，确确实实是体现在石狮形象上的。

最重要的，不是去空谈狮文化，而是分析狮与文化的关系，我的意思是这样的。

9. 问：狮子在原产国的待遇是怎样的？

答：在伊朗、印度，狮子地位很高，是作为国王权力的象征，波斯的国王要坐金狮子座，他的王座是照狮子形象雕出来的，这个是王权的标志。在佛经里面，佛说法叫作"狮子吼"，狮子张口讲话就是佛在说法，所以地位也是很高的。如果一对比，在印度、波斯，狮子的位置这么高，来到中国要怎么摆呢？狮子一来就贬下去，变成龙的崽，而且还是老五不是老大，这就说明中国文化原本就有体系是不容易渗入的，到现在一直如此。当然，我们受很多西方教育，还受西学东渐很久时间的影响，但我觉得中国文化简直就是铜墙铁壁，非常厉害，中国文化的根，扎得非常之深，而且跟文盲、非文盲没有关系，是作为文化基因传承的。不怎么识字的人，也懂中国的礼，礼是传承的，没有受过教育的人，也懂礼。但是我们现在有一些受过教育不懂礼的也有。因为它是传承下来的，文盲、半文盲也学了礼，对老人是应该什么态度，对小孩应该是什么态度。这个是礼,不用教的,自自然然就那样,如果硬是要教就很难,哪里能划条界线,说60岁我就尊他,都是自己体会的。心中挂有一个"礼",看到老的要尊敬,看到小的要爱护。

这里也讲一讲中国的家庭模式,供大家参考。跟西方不同,中国的家庭,社会学家、民族学家费孝通先生讲是一种反馈模式,我养儿子,儿子养孙子,回头孙子得供回来,孙子成长以后,得养父亲、养祖父。洋人就不是这样,他们是接力的,祖父传给爸爸,爸爸传给儿子,这样就传下去,他们是向前跑的,没有反馈。清代有位著名的训诂学家王念孙,他的字是怀祖,又念孙又怀祖,不就充分体现这个反馈模式吗?

中国古代丝绸外销政策的演变

(2007年10月30日上午)

历史上丝绸外销问题，或者经常讲到的丝绸之路问题，最近一段时间成了热门话题，这个问题容易造成这么一种印象：好像古代中国有大量丝绸倾销，而且是通过各种通路出口，如海路、陆路、草原路、沙漠路。学术界对这个问题意见也不一致。前几年在昆明召开过一次研讨会，我没有参加，会议主持人跟我讲，说这一次会很不好，因为在昆明"炒三丝"。香港人和广州人都知道，炒三丝就是用一种菜炒三样丝。而这里的"三丝"，指的是陆上丝绸之路、海上丝绸之路和西南丝绸之路。"三丝"炒得很热，但他是不以为然的。我希望通过这一讲，说明一些历史情况。这个问题究竟是怎么一回事？

首先，中国是丝绸的故乡，这是没有疑问的。西周刻在青铜器上的金文，就已经有"丝"字和"帛"字。丝是指生丝，一束一束的；帛是指丝巾，由丝织成的小织物，所以在"白"字下面加个"巾"字。古希腊人就已经知道在东方有一个生产丝的国家，但那时候没有称为中国，是说有个丝国。在战国时期，中国不只产丝织帛，后来还有关于锦、绣的文献记载，可见中国人就已经会生产包括锦、绣在内的丝织品了。以上这些都是在先秦就出现的丝织品。

另外，在出土的历史文物方面，湖南长沙发掘过一个楚墓，出土了两种著名文物，一种叫缯书，一种叫帛画，也就是在丝织品上写字、作画。如果喜欢集邮的朋友，可能早就注意到了，中国为长沙楚墓的帛画发行过两枚邮票，上面就有帛画的图案。可以说，丝绸在那个时期是中国独有的，如果外国或者外族要引进，必定会受到严格的限制。

这里介绍两个传说。在公元6世纪，东罗马拜占庭的查士丁尼皇帝时代，他们引进中国的蚕种，是由传教士把蚕卵藏在手杖里面带回去的，这是第一个传说。第二个传说，玄奘《大唐西域记》讲到，新疆和田那时叫于阗，那里也引进了蚕种，当时有个中国公主嫁到于阗。她也没有办法公开带进去，而是要把蚕卵藏在帽子里，然后带进和田。这些传说给我们一个印象，养蚕织丝的技术是要偷偷摸摸才能带出中国的。

可见，古代中国的蚕丝技术是保密的，就像独家新闻一定要保密。丝绸的外销是受到严格控制的，不会随随便便让它流出。但是，后来回顾这一段历史常常走了样，把严格控制的商品，想象为大量倾销的商品，好像中国把丝绸大量地推销到国外市场。

有两首古诗常常被误解，用于证明丝绸大量从海陆两路运销外国。

第一首是陆路的。反映陆路丝绸外销的，是唐代8世纪诗人张籍的名作《凉州词》中的两句："无数铃声遥过碛，应驮白练到安西。""碛"字实指戈壁，有沙碛与石碛之分，戈壁上茫茫一片，没有什么水草，铃声是指骆驼铃。这首诗字面意思是：在戈壁上听到了无数的驼铃声，有一大队的骆驼走过戈壁，骆驼载的是白练，也就是没有染色的丝，带着这些本色的丝到安西，安西就是现在新疆的库车。这里容易被认为大量运销丝绸就是"无数"一词。

究竟是怎么一回事呢？8世纪中期爆发了安史之乱，在此之后，唐朝失去对西北边疆的控制，当时是由吐蕃，也就是西藏控制了河西走廊和安西一带，这个时候的安西，已经不是唐朝实力所及的地方，先由吐蕃、后由回纥控制这个地区。这两句诗说的不是和平贸易，不是把丝绸由内地运销到那里，而是指在当时特定条件下，少数民族搜刮了大量丝绸之后运到库车，并不能说明和平贸易繁荣的状况。所以，用来说明陆路丝绸贸易的规模是不合适的，这是第一个事例。

第二个是海路的事例，又是怎样被夸张呢？那就是另一首诗，时间比较后，是17世纪的。我们广东老乡屈大均的《广州竹枝词》中有两句"五丝八丝广缎好，银钱堆满十三行"。这里也解释一下几个专有名词。第一个是"十三行"，这是清代鸦片战争之前，由政府授权的垄断对外贸易的机构，其他人是不能插手对外贸易的，只有十三行行商才可以。十三行的旧址在广州文化公园后面，现在那里有条十三行街。当时十三行就集中在那里，他们把广州的织物，也就是广缎卖给西洋商人。广缎销路很好，盈利很高，结果"银钱堆满十三行"。

上一首被夸大规模的词是"无数"，这一首是"堆满"。陆路是"无数"，海路是"堆满"，又容易被描述为不止陆上丝绸之路对外大量运销丝绸，海上丝绸之路也是这样。被误认为中国从古代到清代前期，通过海陆两路，有大量的丝绸外销。现代人常常容易就这些事情做一些渲染。

不管陆路还是海路，都是商路，商路是做生意的，商品结构很复杂，但为什么单挑丝绸来说？为什么传统三大产品，丝、瓷、茶，硬要叫丝绸之路，难道不能称为陶瓷之路或者茶叶之路吗？照商品名称命名其实也可以。

小结一下我们前面所讲的。中国是丝绸的故乡，在古代是中国特有的产品。既然是特产，就不会轻易把它流出国外，所以才会有刚才的两个传说。留下的丝绸资料有一些容易被误解，那就是张籍的《凉州词》，屈大均的《广州竹枝词》。

接下来讲历史上中国的丝绸外销政策。

中国的丝绸外销政策是有演变过程的。不是从头到尾收得很紧，也不是从头到尾放得很开，这样才是合理的。最早时中国的丝绸曾是禁运的，就是说不准出口，不准外销。唐代的《关市令》是管陆路的法令。唐玄宗开元二十五年《关市令》明确规定：锦、绫、绢、丝不能运出西北边关。宋代的法令也继承了唐代的法规，《宋刑统》重申禁令，丝绸丝织品不准出西北关口。海路也是禁的，海路的法令《市舶令》规定：丝、纰、绫、罗不准下海卖给番人，发船时要严格检查，一旦发现，准备外运的丝绸会没收，船主商人要受刑事处分。按照元代的规定，杖刑107下，本来中国刑罚是按整数计的，比如50大板，或者自己掌嘴100下。为什么元朝的法律，多处处罚的数字是107？这里有个渊源，元朝开国皇帝在审案的时候说，天饶你一下，地饶你一下，我饶你一下，天、地、我各饶一下，就剩107下。① 货物没收是可以理解的，被处分也不足为奇。奇就奇在以7为底，实际上算是皇帝开恩，饶3下。这也是元代并非法治的事例。皇帝开口就是法律，说少3下就少3下，如果他恼火，说多3下也得给他打，有什么办法呢？这是关于禁运的说明。《关市令》和《市舶令》都是这样规定的。

但并不是说古代中国没有丝绸运出去，否则在境外就不会陆续有丝绸残片出土。这个问题应该如何解释呢？中国的丝绸在严禁出境的情况下，还有两种渠道可以流出去。第一个渠道是对朝贡国的回赠，但是现在出土的文物不可能留下相关的痕迹，说明这是回赠品。第二个渠道是边境走私。走私是从古到今都有的，当时在边境，也有一部分丝绸是通过走私而外运。这说明了为何即使在禁止外销的情况下，国外还会有丝绸残片的考古发现。以上是第一阶段禁运的问题。

演变的第二个阶段，是由禁运变成配额。配额就是一条船可以带的丝绸在数量上有规定。在清初就有规定，洋船由广州运出的丝绸，每船可以带土丝5000斤。土丝是质量比较差的丝，优质丝是湖丝，湖丝就是太湖丝，太湖周围是中国产丝质量最高的地区。湖丝还是不能运，配额是给配土丝。

到了乾隆年代，配额有所增加，每船可以运丝500担，当时一担是70斤，总共就3万多斤，配额增长了几倍。所以出口政策有所放松，尽管有所放松，配额仍有政策规定，不是说

---

① 元朝打板子打的都不是整数，而是以"七"为底的。最轻微的笞刑分六等，以七下为始，至五十七下为止，每等以十为进位，尾数总为七；而杖刑分五等，自六十七至一〇七，每十下加一等。

因为销路好，或者外商想要多买就可以多带，不能突破配额。对个别国家，洋商态度比较好的，可以区别对待，认定这一国家的商人可以多给配额。18世纪在广州谁可以得到优待呢？英国人是不能得到优待的，这是众所周知的。而是瑞典商人能够得到优待配额。为什么瑞典商人可以得到清政府的优待呢？因为按清代文献的记载，瑞典商人比较老实，因此多照顾一点。就像小孩，规矩的多一份蛋糕。这并不奇怪，瑞典经过北方战争，跟俄国彼得大帝较量20年之后，被彼得大帝打败，由统治波罗的海的帝国沦落为一个小国。北方战争之后，瑞典才跟中国建立贸易关系，商人没有强大国家做后盾，不敢在外国耀武扬威，与英国人不一样，来到广州很神气，瑞典就不可能，比其他欧洲商人更规矩。因此得到优惠，多得配额。

进一步的政策演变就是放开。这又是什么原因呢？这是由于国际市场出现了丝织品的竞争。这是到了晚清，尤其是鸦片战争以后。这里有个数据，鸦片战争之后，丝绸外销的最大口岸由广州转到上海，也就是说，"龙头"变成了上海。举出上海丝绸外销的数字就可以说明问题。1845年，从上海运出的丝绸5146担，1853年增长到46655担，相隔还不到10年的时间，增长速度很快。放开丝绸出口，为的是在国际市场上竞争。19世纪中后期，中国传统商品在国际市场是面临严重挑战，一个是丝，一个是茶。丝绸的竞争对手是日本丝。茶的对手是印度和锡兰茶，它们是19世纪后半期兴起，与中国传统的茶叶贸易争夺很厉害。在这个时候，中国一些有识之士对这个事情非常担忧。有两个人物，罗振玉在其文章中提到，近年来印度锡兰的茶叶一天天兴盛起来，中茶停滞、滞销，日本蚕丝慢慢又凌驾中国之上，这些情况都是令人感慨的。还有一个是外交官、广东老乡客家人黄遵宪，他是诗人，他有两句诗"天竺茶叶日本丝，中华争利渐难支"完全能够说明问题，说明中国在国际市场上争夺商业利益，已经越来越难维持，就很难再禁运和配额了。这种放开叫被迫放开。

刚才讲长达一千多年的中国丝绸外销政策，从唐到清，经过禁运、配额、放开三个阶段的演变，开始是禁的，最后被迫放开，所以丝绸贸易简直是中国对外政策的缩影。

既然情况是这样，我们回顾这一段历史，是否可以说，有一个这样的印象：中国传统产品丝、瓷、茶是最响亮的牌子，再加上四大发明，历史上这7样东西是非常体面的，靠这7样东西树立了中国文明古国的世界形象。在三大产品中，现在看来，技术含量最高的是丝，因为由一个蚕茧到后来变成一条丝巾，里面的技术是非常复杂的。因为技术含量很高，所以就是一种非常珍贵的产品，珍贵到可以作为货币流通的程度。这种情况当然也不是长期是这样的，而是曾经一度成为货币，历史上称为"钱帛兼行"。可以作为货币流通的，不止钱，还有帛，丝织品可以作为货币在市场流通。

这种名贵的丝织品，在国际交往里面，常常作为礼品回赠朝贡者。但是作为商品，丝织品就受到严格限制，在这里对这两种东西要作区别。礼品是拿来送的，商品是拿来卖的，（丝织品）卖不能卖，但可以送。正如我们在前面回顾所讲的一样，从禁运到配额到放开的过程，所以不能把中国丝绸外销史理想化。我们现在看到一些文章，或者是某种场合传媒的介绍，通过丝绸之路跟国外建立了友谊，丝绸贸易成为友谊的象征。诸如此类的说法，实际上是把中国古代丝绸外销的情况理想化，用我们现在的愿望来想象历史的状况。

实际上，刚才讲过丝绸之路穿过戈壁，是一条碛路，丝路是碛路，很艰苦。同时丝绸之路也有"阿里巴巴和四十大盗"，有强盗出没，天灾人祸都有。但丝绸之路容易被描写成骆驼声伴随着欢声笑语，送一批丝绸出去，结成友好关系，看不到丝绸之路上的刀光剑影，这样是不行的，这样就把历史理想化了。海路也是这样，海盗是人祸，还有海上我们现在讲风险，险是跟风相联系的，风最厉害是海风，所以船在海上航行，漂洋过海风险很大。更加不要忘记不管是陆上还是海上，本质是商业，是做生意，不是找朋友，分明是一条商路，我们现在讲起来是"建友谊"。我们现在描写起来是结友谊，现在听起来很难理解。现在说投资，是想要赚钱，怎么会结友谊。今人是这么想的，古人也是这么讲的。互通有无是真的，彼此认识，互相交往，这是有的，但你要把丝绸之路说成友好之路，简直听起来就觉得肉麻。丝绸之路是干什么的？人家是在做生意的，本质是一条商路。丝绸贸易的活动是一种贸易行为，目标是争取利润，这样才是事实。假如抽空这个贸易内容，那就非常难以理解，用现代人的想象，古为今用，就非常糟糕，就是把历史现代化。现在想跟人家友好，就把历史上的事情解释成友好行为，那是不行的。我自己的体会，理想化和现代化是历史认知的两大陷阱，很容易掉进去。一掉进去以后，就没有真实。艺术可以这样，历史不能这样。有个很著名的节目《丝路花雨》，可以艺术创作，但讲历史不能这么讲。唐代就不能有"丝路花雨"，历史这种东西，20世纪50年代，批判胡适先生的思想，经常批判他的话："历史像一个千依百顺的婢女，由后人来打扮。"其实胡适是在揭露一种现象，并不是他的主张，他讲说历史容易由后人打扮。丑的时候，涂脂抹粉，那为什么会这样呢？就是把历史理想化、现代化，也就是把历史丫头化、婢女化，那就不行。

我们知道，现在丝绸贸易、丝绸之路的问题上比较突出，顺带联系这种现象，提出这种倾向我们应该避免，防止把古代的东西改造成适合今人胃口的东西。就像把辣的改造成甜的，等会就四不像不甜不辣了。当然认识是相对的，但是不能离谱。我的这一席话，也是相对而言，我自己希望自己不会太离谱，大意如此。

1. 问：什么是缯书？

答：缯是众多纺织品中的一种，缯书是写在丝织品上的字。长沙出土的都是在丝织品上的，有一幅是写了字，有一幅画了画，画是帛画。

丝织品品种极多，如果不懂丝织工艺，很难做出很准确区分。纱、绢、绡、缯等等，诸如此类，要请教从事丝织工艺的人，才知道细致的差别。但是大体上来讲，粗略的分类大概是丝、绸、锦等大类的区别。就是以丝为原料的各式各样的织物，总体来说就叫丝绸。实际上绸里面还没有包括锦，锦也是很重要的，好多出土文物是织锦。丝绸有工艺史的一面，又有文化史的一面。

2. 问：宋朝每年要付很多钱给辽、金，也送很多帛，契丹人、女真人拿到这些帛后，他们是自己享用，还是积极卖出？因为他们不是汉人，会不会他们的商业观念跟汉人不一样？

答：这个问题很好。少数民族、游牧民族要中国的丝绸做什么？你提出的是宋代的问题，其实从汉代匈奴到唐代突厥都有这个问题。匈奴向汉朝要丝，突厥向唐代要丝，突厥族还有一部分用马来向唐朝换丝，史称"绢马贸易"。白居易的新乐府中有首诗《阴山道》，就是描写绢马贸易，回纥赶马来，硬要唐朝换成丝给他。大家知道游牧民族是骑马的，丝绸那么薄，一磨就容易烂，不合适骑马穿。当然游牧民族中的贵族可以穿丝绸，但广大牧民是不可能穿丝绸的。所以要来丝绸，从汉代的匈奴、唐代的突厥和宋代的金人等，实际上是转手卖掉。以唐朝的突厥为例，他们转手卖给谁呢？卖给东罗马帝国。中国没有直接卖给罗马帝国的东西，但罗马那里有华丝，就是经游牧民族拐了个弯进去的。当时在丝绸之路上，由于有这样的商业利益，中国的丝波斯要、东罗马也要，而又没有直接通商，但出现了这些游牧民族来做中介，要中国的丝，卖给波斯和东罗马，从中牟取大利。

游牧民族为什么有这个本事？大家知道，游牧现在是落后了，但历史上曾经耀武扬威，骑、射两种技术是很厉害的。历史上三次由东向西扩张的浪潮都是源于游牧民族，最早是匈奴，后来是突厥和蒙古。游牧民族一杀过去，就像雪山崩塌一样，一直杀到匈牙利，整个俄国都给他灭掉了。后来回顾这段历史，欧洲有人讲了一句毛骨悚然的话，如果成吉思汗时代发现了无线电，我们就没有命了。就是消息的传递，如果那时候的信息灵通像现在，我们欧洲这些民族就全部完蛋的。游牧民族速度很快，最快是马，车比不上；射程最远的是箭。一个速度，一个射程，好多农业民族都要败在游牧民族脚下，所谓败在脚下，就是铁蹄踩躏。既然这样，战争时期吃了大亏，和平时期也要付出代价。白居易的《阴山道》就讲赶着病马和壮马一起来，群马一块赶来，中间混着老弱的，硬要来换丝绸。唐朝也有一套对策，把坏丝和好丝混在一块，用来对付病马和壮马。白居易就描述了绢马贸易里双方各怀鬼胎。

3. 问：从"历史是任由后人去打扮"联想到，郑和下西洋也被诠释成友好，到各国去送礼物，并没有说他去做贸易等。当中会不会历史也被现代化或者美化了？

答：这里有几层关系。

第一，郑和的船队不是商队，这一条我们先排除。因为是明成祖交代他的心腹郑和，带着这只舰队出去的。他有政治任务，他不是出去做生意的。

第二，郑和去的时候，是从中国的南海经过东南亚进入印度洋，我们现在有些说法，说郑和去传播友谊，就像带着一袋"友谊"出去撒，这样一种说法，就是现代化了。但是，假如我们从历史出发来讲，他那时候有任务是宣扬国威，那就比较合适。他不是传播友谊，但可以是宣扬国威。既然如此，看起来比较像一种政治行为，浩浩荡荡下去，也不是为了什么经济目的。但终归是有目的的，船队不是游艇，在海上玩一玩就回来了，是有政治意图的。明朝初期，永乐是很厉害的皇帝，他办了三件事情：郑和下西洋、由南京迁都北京、修《永乐大典》。当然当中还有一个内幕，说他要追个政敌，就是明成祖皇族中有个政敌，后来这个人敌不过他，也不是现在说的人间蒸发，反正就是消失了。政敌消失了，永乐上台不放心，也许还会再来，因为有诗为证。有人说他逃亡到海外，那就要追捕，这是个内幕，但无法证实。从面上来讲可以这么说，出去传播友谊，是现代人的说法，从明朝的人看起来，宣扬国威倒是比较可以接受的看法。

历史这种东西很难说，研究历史的人，常常讲应该有一点学术良心。第一，古人早就不在了，不会跳出来找我们辩论的。另外又隔了很多个世代，他也没有什么子女亲属朋友出来打抱不平。比如说王安石变法，虽然现在中国姓王的人甚多，但也不会凭王安石的问题出来摩拳擦掌，觉得讲王安石不服气。

历史上的人和事离我们很远，后人怎么讲，当事人都无能为力，当代人就可以不同意某些说法，进行辩论，那完全是第三者进行辩论，而非当事人介入，当事人已无法说明真相。历史跟当代，古人与今人，究竟有多少层距离，照我个人的认识，第一层是时间；第二层是空间，万里之外还是在此地；第三层是最严重的——心理，心理距离才厉害，不可想象。

举例来说，现在一夫一妻制很光明正大，太太非常憎恶第三者。但是20世纪上半期，就不是这种观念。齐白石的太太，专门跑到北京，给他找了姨室，把他交给姨室照料之后，然后才放心回到老家湘潭。这是个活生生的事例，就说明了心理距离，现代人完全不能容忍的。但是那个时候做起来心安理得，齐白石太太觉得北京之行办完了一件大事一样，而且不会恼火，还很开心。这种事情现在很难想象。这就是非常明显的心理距离。

所以我就觉得，今人来研究古事，探讨历史的时候，要小心翼翼，里面存在着这几层的距离。我们很容易讲错话，很容易以今人之心度古人之腹，想当然当时就是那样，实际上完全是不可能的。这个看法，仅供参考，确实有那样的事例。

类似这种事例，在经济生活、政治生活和文化生活中大量存在。比如现在我们都发表文章、出书，这是今人的，古人常常不是这样的。他要到很老的时候，到没齿之年才出书，有些官员是退休之后才出个诗集。明末清初有些人的思想意识不好，退休之后"讨个小，刻个稿"。就是要个妾室，出本书，并不是在青壮年时来出书。这是那时候的观念，但是跟我们现在有很大的差异。

对外国人的态度更加如此，不是夷就是蕃，我们扁鼻子，看别人是高鼻子就说那是怪样，深目高鼻多须，看着就不顺眼。在对外关系上，觉得跟中国人不一样就是夷、蛮、蕃，有种居高临下的心理。这种心理也完全可以理解。但是反过来，洋人也会对我们的扁鼻子觉得奇怪，欧洲人觉得高鼻好看，比较偏爱，我们觉得得削掉一些才合比例。因此，有些是观念的问题。到了19世纪末，一步步逼到这些东西全部变成"洋"，原来夷、蛮、蕃，都是落后的，"洋"却是高标准的东西，例如说"这人好洋气"，就说他很神气。至于各种洋，那更不在话下。火柴叫作洋火，去国外叫作留洋，对"洋"的态度发生了很大的转变。

诸如此类，要做实事求是的分析，包括我们这个题目，就是要把事情当作一个过程来看。比较紧地抓住这一条，可能就不会太离谱。就像一个人有成长的过程，从幼到老；一件事情，也有从低到高的发展。在丝绸外销这个问题上，有从禁运到配额到放开的过程，不要一开始就有我是丝绸的故乡，丝绸在国外可以换得大量的财富，那就是把这种东西作为特产大量推出，如果是那样想，就很主观，也出现了虚构。

4. 问：刚才说不要把历史现代化和理想化，还有一种政治化，把白的说成黑的，比陷阱还厉害。您如何看待这个问题？

答：变成政治化就不一样了。因为把一种东西政治化，是把它拿来为政治目的服务，就是这一种，已经是属于历史认识之外的一种东西，各种东西都可以为政治所用。我们现在是在历史认识这个范围内，来谈如何认识历史事物，容易犯的毛病是理想化和现代化。理想化就是把历史想得很好，现代化就是把历史想得跟现代一样，所以要避免这样的问题。历史像一个大仓库，你要找什么就有什么来证明一些东西。只要你离开总体、离开过程，你去抽，就能找到。人一般十万根左右的头发，才有一两根白头发，拔出来就说这分明是从头上拔出来的，它不是白头发吗？但是十万根左右，拔一两根作为代表，历史很容易出现这个问题，所以要用整体和过程来限制它。都可以抽出你需要的东西。历史很容易出现这个问题，因此应该用总体和过程来限制它。有一句话可以参考，"卖花档头看桃李"，不要去卖花档头看桃李，已经被采出来了，已经离开了枝干，离开了整棵树，然后把人从总体中抽出来，把事情从过程中抽出来，然后孤零零来评论，是不合适的。我们要到桃李园里去看桃李，在过程、整体中做出评价，这样的时候可能就会受到一些限制，就不至于立论太荒谬，犯错误。但是，认识仍然是相对的，亦并非就百分之百准确。因此，才有这么一个成语叫"相对而言"，使得历史认识比较接近历史实际，但是并不等于千真万确。因为历史是一次性的，历史不能够复制。假如在辩论历史的时候，可以复制一次历史给我们看，那辩论就结束了，但历史是无法复制的。所以既然是这样，认识只能够相对而言的，做到接近，并不是完全准确的。因此，也意味着研究历史、讲历史还得比较谦虚，因为只能相对而言，我们没有把握，讲出这一席话的时候，跟历史上的事情一模一样，不是这样的。这样讲可能比较合理，不会说讲出来是准确无误的。

5. 问：历史会不会重复？

答：这也是常常讲到的问题。作为历史事件来说，是一次性的，那就应该说不会重复。但是历史常常会重演。重演是会有的，人家也承认。但是第二次、第三次的重演，并不等于是第一次的重复。比如独裁，某个时候的独裁已经过去了，但是独裁仍然可以重演。这个看起来有一点差异。重演不可能跟第一次一模一样，必定是有差异的。比如拿破仑是一个改变了历史的英雄人物，他的侄儿路易·波拿巴，也就是拿破仑三世，也要学拿破仑，虽然他想要重演，但是他重复不了那一个真正英雄的拿破仑。皇帝也是如此，好多末代皇帝也要像开国皇帝一样，重演一些东西，但是重复不了，宣统怎么去学康熙呢？尽管排场可以重演，但是重复不了历史作用。

总的说来，历史是一次性的，一去不复返。正因为这样，要认识一次性的东西很难。要怎么办呢？靠文献和文物，一个是写在书上的，一个是地下挖出来的，就剩下这两样东西了。然后由人来思考再讲出来，很容易出入很大。再加上我刚才讲的三重距离，时间、空间、心理的距离，所以讲历史的时候就要小心翼翼。虽然我讲这一席话的时候嘴很快，但心里面我是小心翼翼的，怕讲过头了。

唐人小说《昆仑奴》的题材和情调

(2007年11月2日上午)

《昆仑奴》是创作于9世纪的一个短篇小说,主要以昆仑奴为中心,讲述了一个爱情故事。这种小说在唐代也叫传奇,既然是传奇,就会有实有虚、有理有情,到底"实""虚""理""情"各表现在哪里,以下作一简单介绍。

昆仑奴主要指在马来群岛繁衍、劳动的一批小黑人。前面加"小"字,表明与非洲黑人不一样,可以称为马来小黑人,那个时代称为昆仑奴。按照中国人的记载,这些人在形体上的特征是"头卷体黑",实际上就是头发弯曲,皮肤黝黑。平常的装饰是这样的:腰部缠布,类似汉人穿裤子,这种布按昆仑语译音叫"黑缦",上身则不穿衣服;耳朵戴环,而且是大环,跟女性一般戴的耳环不一样。昆仑奴的技能有两种:驯象和潜水。他们进入中国之后,最大的特色就是这两样技能。一个是做象奴,另一个是潜水。昆仑奴的种类很多,大体上可以分成两种,一种是山地昆仑,一种是近海昆仑。山地昆仑刚好就有驯象的技能,近海昆仑有潜水的技能。他们分布的地区,经过后人研究,认为可以定出一个四至:东面到婆罗洲,西面到马来半岛,南面到爪哇,北面到占城,也就是印度支那。在这个区域里,有两个地方,一个叫昆仑山,一个叫昆仑洋,就是这些人活动的中心区域。

"昆仑"本来的音是 kundun，为何会变成"昆仑"呢？原来中国有一个译名"军屯"，"屯"的声母变成了 l，就刚好成为 kunlun。从这里可以知道，译音用的这两个字，是采用了中国人原来已经熟悉的名词来表达。借用"昆仑"是不在话下的，昆仑山是在西北，而不是在南海的，但是借用这两个字是现成的，那就采用了。"军屯"原来是指在西北驻兵开垦土地。这个名词也是中国人原来熟悉的。所以，用"军屯"或"昆仑"来表达南海这个区域，叫 kundun。

这种来自昆仑的人，照文献记载最早是出现在南朝的梁。5 世纪的文献中就记载有两种人，一种是昆仑客，一种是昆仑奴。"客"就不是奴隶的身份了，是一种自由人。我们先把总体的情况做一个介绍，即昆仑奴究竟是怎么一回事，对他的体态、技能、族属、入华年代有初步了解，这一部分是历史史实的。然后再讲唐代这部小说，表现跟昆仑奴有关的爱情故事，究竟是一个什么样的情节。

《昆仑奴》所描写的是 8 世纪中期发生在长安的故事。当时有一位年轻的公子，崔姓，小说中并没有他的名字，就叫崔生。崔生去爸爸的老朋友郭子仪处拜访，郭子仪是一位高官，他平定了安史之乱，立了大功，被唐朝封为郡王。其府第在长安的亲仁坊，府第很大——根据考古调查，唐代长安的亲仁坊，即现在西安碑林区长征街瓦窑村——占亲仁坊四分之一面积，养男女奴仆有 2000 多人，分成 4 个院。崔生去老前辈处拜访，那当然受到热情接待，郭府端出了一种唐代很著名的食品——樱桃奶酪给他吃。后辈在老前辈面前不好意思吃，郭子仪就叫他家里三个家姬出来劝吃、陪吃。其中劝得动他的，是一个穿红色轻纱的姑娘，叫作红绡女。临走的时候，郭子仪让红绡女送客。下面的情节才是关键性的：送客出来的时候，红绡女给崔生做手势，比出"三"的手势，并且手掌翻了三遍，指着胸前佩戴的小镜。做手势以后，还补了一句话"请你不要忘记"。崔生本来吃樱桃奶酪的时候已经心动了，再加上送行时又给他做了这个手势，还加上这么一句话，回去之后，崔生就神魂颠倒了。但又不知道红绡女的手势是什么意思。

崔生家里有一个奴仆就是昆仑奴，见公子这个样子，就去问到底有什么事情，只要能够帮忙，自己一定出力。公子跟他讲，这种事情你不懂的，我都无法理解，你一个昆仑奴怎么能够解谜呢。但是昆仑奴还是坚持请主人讲讲，说也许有办法。崔生也觉得那就不妨一试，就把前面的事讲给他听。昆仑奴说，她的手势我懂了：第一，"三"这个手势是说她住在郭子仪四个院的第三个院；手掌翻三遍，就是这个月的十五号，加上指着胸前佩戴的小镜，合起来的意思就是，你不要忘记这个月十五号晚上，在明月当空的时候，到第三院来找我。昆仑奴这么一解释，公子恍然大悟，原来是这一回事，红绡女手势语言原来包含这样的内容。

明白意思之后，接着就是行动——十五号晚上怎么去，这是第二个难题。昆仑奴说他有办法，会帮公子扫清障碍。首先是先要解决如何进入第三院的问题，因为郭子仪的院落有凶恶的守门狗。昆仑奴说，为了进院，先要把门口的两条大狗干掉，要不是进不了的。那他就先去解决这个问题，回来跟公子讲述院落的情况，院落围墙很高，要做一些准备：不能穿那种很宽、不便行动的服装,要重新准备紧身、便于活动的服装。到了约定的月圆之夜,守门狗已经干掉了,昆仑奴是有武艺的人,到了郭府以后,就背着红绡女跳出墙,来跟公子会晤,然后她就住到崔府去了。郭子仪这个老王爷知道自己的家姬被人拐跑,打听到是崔生,郭子仪就派了他的家丁,去追捕。但是讲清楚:公子是我朋友的儿子,可以谅解;但是出鬼点子的昆仑奴,就绝对不能放过,一定要抓。但他们终归并没有抓到昆仑奴,而且过了若干年之后,有人来报信,说在洛阳的桥头看见他在卖药,安然无恙。而且已经转行了,不当人家的家仆了。

故事到此结束,主人公就是三个人:崔生、红绡女、昆仑奴。昆仑奴在这个故事中,是以侠客的身份为公子排忧解难,促使他完成这件"好事"。这样的故事情节,对后来的戏剧也造成了影响。元代和明代都根据昆仑奴的故事,改编成戏剧,分别是元剧《磨勒盗红绡》、明代杂剧《昆仑奴剑侠成仙》,一看明代的杂剧名,就很清楚反映了唐代小说的情节。

元剧名中的"磨勒",就是昆仑奴的名字。刚才讲小说的时候,我有意把昆仑奴的名字留到这时再讲。为什么元曲改编的时候叫《磨勒盗红绡》呢?在唐代"磨勒"两字可以有两种解释。一个是根据《太平寰宇记》的记载"突厥名鱼为磨勒"。也就是说,突厥语里面称鱼就叫磨勒。那么,用鱼来形容会潜水的昆仑奴是很合适的;另一个解释是"南海有摩勒香",音是一样的,只不过"摩"下面是"手"字。这一句的出处是明代的药书《本草纲目》,在这个语境下,"摩勒"又是一种香料的名称。如果是作为香料的名称来讲,也可以进行解释，昆仑这个地域内，恰恰是产香料的地区；南海的香料，最重要的两种就出产在昆仑，一种是丁香，一种是胡椒。刚刚顺带解释了一下昆仑奴名称又叫"磨勒"的原因。

介绍完情节以后，我们不妨做一个分析。在唐代的时候，影响人的思想最主要是三个体系：儒、释、道。《昆仑奴》里面描写的情节，究竟跟哪一种有关呢？第一先看看跟儒有没有关系。可以说，昆仑奴的所作所为，是跟儒家伦理违背的。最重要的是什么呢？是教人私奔，这一条触犯了儒家的伦理。所以，这个故事跟儒没有关系。第二再看跟佛有没有关系。因为他去杀狗，触犯了佛教的清规戒律，那也跟佛没有关系。非儒非佛，剩下的就是道。看起来，小说的思想，是倾向于道家的。那我们下面还得讲一些理由，不是说排除一和二，剩下就是三，这样的话就不是在论证，而是猜测。

实际上，从情节里面看，讲这篇小说的思想有道的倾向有三个理由：第一，昆仑奴被塑造成一个会飞檐走壁的侠客；第二是佩镜，这是道才有的象征；第三是卖药，就是把昆仑奴描写成一个药仙。从这三条来讲，《昆仑奴》这个传奇的格调是反映了一种道风。

讲到这里，就剩下一个问题。昆仑奴反映出来的思想倾向，非儒非佛而是道。那就要追溯到作者，小说的作者是谁？有没有信奉道教？这样才能明确究竟。要不就剩条尾巴，只分析小说里面是道的思想，但没有交代小说作者信不信道。

接下来便讲讲作者及其道学。《昆仑奴》作者是裴铏，铏就是磨刀石，9世纪中期的人，当过节度使的书记，就是帮助节度使整理文书；到过岭南，他是一个唐末的作家，写了两卷传奇，《昆仑奴》就是其中的一篇，其他还有一些短篇小说，也写了岭南的风土人情。这个小说会把主角定为昆仑奴，我认为，跟裴铏在岭南住过一段时间有关系，如果他连昆仑奴究竟是什么都不知道，是无法将这个艺术形象安排在小说中的。

在唐宋时期，广州社会的上层很多家里面都养了昆仑奴；当然不是每家都养，但这种奴仆并不罕见。宋代有一首诗《赠五羊太守》，就是送给广州市市长的诗。其中两句很有典型意义，讲的就是他家里用的奴婢、奴仆是外族人："碧睛蛮婢头蒙布，黑面胡儿耳戴环。"后一句讲的就是昆仑奴。正因为裴铏来过岭南，知道广州一些富贵人家使用昆仑奴的情况，他才能创作这样一部短篇小说。

裴铏自己信道，而且还起了道号"谷神子"。为了表现自己对道的理解，他还写了一篇论文《道生旨》，主要在讲精、神、气三者的关系。其中特别强调"精"的重要性，"道之最要，以精为根"，就出现在他这篇论文里。

以上是从《昆仑奴》的实际情况，到小说本身作者的思想体系，做的一个简要介绍。下面请大家一起交流。

1. 问：请问"黑面胡儿耳戴环"中的"胡儿"是什么意思？

答：是这样的，本来"胡"和"蕃"两个字是有区别的。假如这里讲"蕃儿"不是刚好吗？但是写成诗就不得不考虑平仄押韵，所以就换了字，"胡儿"实际上就是指外族人。所谓"一胡一蕃"，蕃也是外族人，主要是两个特征：皮肤是黑的并且带环。诗主要是讲五羊太守家里使用一种外族的婢女,眼睛是蓝的,"碧睛蛮婢"中的"蛮"也是指外族,这个蓝眼睛的外族婢女头上扎着头巾;另外黑皮肤的胡人奴仆,也就是蕃人,耳朵戴着环。

2. 问:昆仑奴说什么话?

答:昆仑奴有昆仑语。据研究主要是讲古代的马来语,叫巫来由。昆仑奴就是马来人里面那种小黑人,个子不高的,但是很灵活,跟非洲的黑人不一样。在这里我们要区别两个名词,一个是昆仑奴,另一个是僧祇奴。后者是指非洲东部桑给巴尔人,"桑给"就是唐代"僧祇"的现代译音,"巴尔"是阿拉伯语,总的意思就是"桑给人的土地"。因此两者是不同的,僧祇奴是非洲黑人,昆仑奴是东南亚的小黑人。

3. 问:能不能讲讲明代的《昆仑奴剑侠成仙》?

答:我没有办法在这里讲,因为它是戏曲。我只是想说明,唐人传奇或小说的重要性,例如《昆仑奴》就被改编为元明戏曲。唐人小说中还有一部后来也变成戏曲,影响很大,那就是《莺莺传》,后来改编成了《西厢记》。《莺莺传》中的张生和莺莺的爱情故事,差不多到了家喻户晓的程度,还出现了一个拉线的丫头,"红娘"是后来改编后配上去的。一直到现在,红娘变成媒人的代名词,那是后话了。红娘相当于昆仑奴,起到了昆仑奴的作用,只不过红娘没有用武力,昆仑奴是用武力的。

从场合来说,两者都是重要的、尊贵的场合。《昆仑奴》

是发生在王府的故事，《西厢记》是发生在佛寺里的故事。当然，主人公不会在大雄宝殿里谈情说爱。佛寺中有东西两厢，也就是两排房子，她们就住在西面的这排房子，故事是发生在西厢里面的。莺莺是宰相的女儿，宰相死后，她和母亲带着父亲的灵柩，还有一个叫红娘的婢女，就暂居在佛寺。那张生为何会在佛寺呢？因为唐代就有这样的风气，读书人借用佛寺做宿舍，在里面进修，也就是张生在寺院寄读，所以两人才会碰头。《西厢记》故事来源于唐代，唐代小说所描写当时的风土人情，好多后来我们不太了解的。比如刚才讲的家姬，后来没有了，这种人并不是家主小老婆，而是家中养的一批能歌善舞的服务人员，家姬是可以送人的。唐代小说中，除了《昆仑奴》《莺莺传》以外，还有另外几部也很有影响，后来改编成戏曲。

4. 问：家姬是汉人还是胡人？

答：是这样的，家姬当然有汉有胡，唐代也有称为"胡姬"的人，前一个字是讲族属，是汉族以外的。一般来讲，胡姬都是胡人的后代，实际上已经本土化，如果刚入境，连汉语都不懂，怎么能伺候人，不可能被贵族家庭使唤。因此，家姬里面可以包含胡姬。

胡姬除了在贵族家之外，大量出现在酒肆。李白的诗就多次提到，例如"笑入胡姬酒肆中"（《少年行·其二》）；"胡姬招素手，延客醉金樽"（《送裴十八图南归嵩山二首》）；"吴姬压酒（唤客尝）"（《金陵酒肆留别》）就是说是劝酒。唐代那时候，胡汉有很多接触，唐代社会生活"胡风"还比较盛,比如唱歌、跳舞、奏乐、服装、发式、食品等。食品来说,比如说胡饼,当然是胡族做的饼,是不是特别好吃呢?中国的烹调艺术世界一流,没有人怀疑,从中古到现代,一直在世界上处于领先的地位。但是胡饼进来之后为什么风行?这说起来也有点奇怪,因为食品不只是好不好吃的问题,还有一个方便不方便的问题。能够带上路,保鲜时间比较长,这就是食品的功能。胡饼流行,并不是因为其味道中国人做不出来,不是因为特别好吃,而是因为它特别方便。就像现在方便面的功能,实际上并没有生面烫出来那么香。

中国是农业民族,并不是游牧民族,中国人要吃东西,得起炉灶,要有井打水,这要定居才可以。这样的烹调方式,是农业民族的产物,样样都要热的,不吃隔餐,午餐不留到晚餐,每餐做新鲜的。这样做出来是好吃,但不方便旅行携带。这种胡饼就可以带上路,今天吃不完,明天可以继续吃,也许还可以吃到后天,停下来有条件可以再烤烤。去过乌鲁木齐的朋友都知道,新疆街头到处都有这样的饼,放好几天还可以继续吃,便于长途旅行食用,汉族的主食粥和饭就不行。西域的食品是这样,西洋的食品也是这样的。为什么面包和饼干传入中国后也会风行?并不是它们的味道压倒中国所有食品,而是因为方便。其实中国早就有包子了,但中国的包子不是西方的面包,可能隔24小时就不能吃了。吃的问题不能限于"就吃论吃",还得补充一句"就用论吃",注意用途和功能。

另外,刚才讲了昆仑奴活动的范围,同时也是香料的产地。所以昆仑奴在中国最活跃的唐宋时期,恰恰就是香料贸易最繁荣的时代,这两件事情是相关的。现在看来,大量的香料进入中国究竟是什么原因？香料进入中国主要是宋代，在宋代之前、之后，也有香料输入，但都没有那么大的量。恰恰是在两宋时期，输入香料很多。输入地一个是广州，一个是泉州。欧洲也在同时期香料贸易旺盛，欧洲的用途很清楚，是用于肉食保鲜，因为欧洲人大量吃肉，但是保鲜问题很难解决，用香料可以缓和这个矛盾，所以需要大量的香料。一直到现在，西餐还是喜欢用香料的。中国人是喜欢清汤，越清越高明，高价菜是"清"，厨师把菜做到"清香"，那就名列前茅，欧洲的做法不一样，要加入大量的香料。

宋代进口大量香料，究竟社会如何吸收、用于何处？这个问题，有兴趣的朋友可以探讨。宋代的疆域不大，唐代就比较大，就疆域来说，唐宋的变化恰好就是从一个包子缩小到包子里的一块馅。尤其是在华南，我们有责任去探讨这个问题。清代著名诗人袁枚有诗云："岭南从古称香国。"这位18世纪的诗人，曾写过《随园诗话》，他来过广州，也写诗发表感想，这就是他发表的其中一句感想，就是说岭南这个地区，历来就是流行"香"的。大家知道，中山以前叫香山，香港更不用讲了。"香"一直在岭南地区、珠江三角洲留下烙印。但香料来了以后，是做什么用呢？应该说，药用、食用、饰物的作用都有。

接着还有一个问题，为什么有这样的需要呢？我认为，解决这个问题的出路，需要探讨宋代社会的城市化。我们并不是凭空讲的，因为到了宋代以后，唐代的城坊制才被改掉，比如长安、洛阳都有很多坊，每个坊都有门，晚上到时间就关门，不能出入，就剩下坊中若干家人，一直到现在广州话中还保留着，把邻居叫作"街坊"。既然是这样，晚上都出不了门，那就没有夜生活。夜生活只集中在宫廷和贵族之家，因为有家姬，她们可以表演。但是社会上没有夜生活，因为城坊制度这时还存在。

到了宋代，城市化最重要就是这个变化，城坊被破坏，变成街道，街道没有了闸门阻挡，所以相应地也就有了夜生活，这是大城市的变化。另外就是在城乡接合的地方，出现了一种新的经济生活地区：草市。草市就是介于城市和农村之间的小市镇。草市不是卖草的，"草"是草率的意思，就是宋代一些还没有很正规的、还比较草率的城镇。这也说明了宋代社会的城市化。

如果不去探讨类似这样的问题，就无法说明大量香料涌进来后向何处去？只有城市生活发达，消费水平提高，香料才有销路。如果温饱没有解决，不会有香料的消费。所以这种问题，我们从文学史讲到香料史，再讲到社会史，看起来它得这么联系，不能只就事论事。讲《昆仑奴》也是这个意思，不只博君一笑，现代的爱情小说可能有趣得多，不是着眼于此，而是说故事情节、背景牵涉怎样的社会文化与经济生活。

5. 问：我觉得《昆仑奴》中的手势很有趣，中国有没有用手势沟通这个传统？

答：这是对的。如果中国没有这个传统，那么作者也想不出来。这种叫手势语言，是一种语言。我们日常生活也有，比如摆手表示不要、不喜欢，这一种已经很习惯了。但是用来表达另一种意思，像刚才讲的那样，跟别人预约一件事情，这一种实际上后来也就没有用了,因为这种只是在特殊情况下才需要。一种是怕别人知道,打个暗号;另外一种是使用手势语言进行某种暗示,但是在公共场合也用得不多,也没有太多发展,跟后来聋哑人的手语不一样。日常交往,手势语言不太发达。

6. 问:为什么唐代有这么多胡人?是不是跟唐代皇室族系有胡人血统有关?

答:这是有关系的。因为唐代皇室就受胡族文化的影响。不只是历史学家讲,鲁迅都讲过"唐室大有胡气"。也就是说,唐代皇室胡人的风气很浓。比如宫廷喜欢胡乐,由梨园子弟创作了很多胡乐;另外,宫女也穿衣袖很窄的胡服。除此之外,还有婚姻关系,没有宋代礼教伦理那么严格。大家知道,唐太宗和武则天是什么关系,唐太宗的儿子唐高宗和武则天又是什么关系。武则天既是唐太宗的太太,又变成唐高宗的太太。这一种照汉人严格的儒家伦理来讲,是乱伦的。不止7世纪的唐太宗这样,8世纪的唐玄宗也是这样,杨贵妃原本是唐玄宗儿子的太太,大家熟悉的北京师范大学校长陈垣先生,他讲一句话我觉得太准确了,让人拍案叫绝。他说先度她道士,让她脱离关系。没有脱离关系,就转移到宫廷,那就很不合适。所以先度杨贵妃为女道士,然后从道观借入宫,就可以讲得过去。这样一种情况说明,唐太宗、唐玄宗所代表的唐室胡气很重,要不然就不会表现出这个样子。

中国到了宋代以后,强化了伦理,包括男女地位发生了变化,五代末到宋初发明缠足,把女人完全禁锢在家庭里。人是靠脚走动的，把脚一缠，妇女的活动就受到很大的限制。所以中国男女关系是很奇怪的，跟内外有关，妻子称内人，妇女必定是在"内"的，不会随便出去。女性的脚一缠起来以后，就是差不多900年以后才解决这个问题。到了清末民初，辛亥革命才把"两个长辫"剪掉：一个剪掉女人长长的裹脚布，另一个剪男人头上的长辫子。辛亥革命虽然没有办法解决中国的社会制度问题，但对中国的风俗习惯影响很大。

清代有些使臣出访欧洲的时候比较年轻，像张德彝出国当翻译的时候才二十几岁，到了瑞典、丹麦，好多当地少女来找他攀谈，以为是中国姑娘，因为他头上扎辫子，而且年轻的时候没什么胡子。

刚才说的唐代皇室这类文化现象，是属于"胡"的。等到清代后期，就由"胡"变"洋"，一直影响到现在。外来文化与本土文化的关系，里面有很多微妙的内容，我们还没有弄懂里面一些细节和精微之处，但是知道文化的渗透性是很厉害的。父亲可以忠于某种文化，到了儿子却完全翻过来，两辈人的情况完全不同；另外，青少年喜欢的文化，到中老年的时候也可以发生了变化，同一个人不同年龄阶段情况也不一样；另外也可以是"双拼"的，太太喜欢一种文化，先生喜欢另一种文化。文化是很复杂的，讲文化就不能简单化，简单化就没有文化。

所以讲到文化的时候，中外古今，纵向是古今时间，横向则是中外空间，讲起来很复杂。观念也是这样，中国人历来是分久必合，合久必分，理想是在过去，要恢复三代夏、商、周，那才是太平盛世。追求的不是未来而是过去，所以要循环、要复古。也就没有出现达尔文的进化论。中国早就有修身、齐家、治国、平天下的观念,天下这个观念很新,而没有世界的观念,这种观念的变化是后来才有的。这也是来自文化的变化。

外来文化给我们带来了方便,也给我们带来了另外一些东西。像我们现在手边很多东西,很多都是外国的,像铅笔、钢笔。以前的文房四宝,中国这一套完全是农业民族的,写字要坐下来,笔、墨、纸、砚四宝齐了才能写。要是想带出外,就不方便,没有人把笔墨装在身上;但洋人的文具就可以,情况有很大的不同,钢笔、铅笔之类的东西,就非常方便。然要吸收先进的东西,自己传统的东西,也得保存和发展。技术性的东西,代替不了学术性和艺术性的东西。照相术刚发明的时候,有一说认为从此不用画画了,照起来已经很真了,以为技术可以代替艺术,但其实是不可能的。

现在电脑储存了全套四库全书,那就全靠电脑,书就不用读了吗?那是不可能的。假如是那样,又是认为技术可以代替学术,但并不是那样的。技术先进,是要跟得上,因为这是先进的手段,可以让你把事情办得更好。当自来水笔传入中国以后,确实是风行天下,但毛笔字仍然保存,而且物以稀为贵,越来越值钱,拍买时的书画,是很贵的。

实际上这样的事例很多,诸位可以想一想。例如写一封信,古人写信本来是很随意的,不过因为从小到老,几十年整天在用毛笔写,现在我们几年都没有用过一次毛笔,所以我们不会写毛笔字了。王羲之好多留下来的字,很多就是相当于现在的便条,后来明清书法家的那些墨宝、信件,实际上那时候是很随意就写下来的，甚至敦煌、吐鲁番文书，或者西北出土的竹简，原来就是草稿，是起草公文以后丢掉的纸，但是那种字现在变成了一种字体——文书体。那时候其实是很随便的，但是我们现在没有掌握。有一次我开玩笑说，现在的大学生、研究生基本上已经废掉这支"笔"了。那现在也有人着急了，说小学起要上书法课，那也太过操心了。一星期上一节课，练那么几个字，出去后7天每天24小时完全没有接触，那有什么用呢？不用操这个心的。即使从毛笔的软笔字，改成现在的硬笔字，也仍然要考虑字的结构，左右上下，起码结构不要脱节。比如"黄"字，草字头与下面离得太远就不行，人家讲字"散"了。以前老一辈很厉害的，他不会看相，但会看字。如果你的字很单薄，他认为你前景不佳，诸如此类，未必是如此，但说明他重视写字。连婚姻生活都要看字，丈人嫁女儿前，未来女婿要写几个字给丈人看，看是比较厚重的，还是容易夭折的。要是女儿嫁去没有几天女婿就没有了，那是不行的，所以要看字。

反正这一类的现象，也是属于文化的。大家不妨举一反三，我们考虑一下文化生活里面一些现象，古代的、现代的，物质文化、精神文化都可以考虑，文化这一类东西，都是潜移默化，我们整天碰到的。这些意见在这里讲一讲，仅供参考。

洛阳新发现唐代景教经幢的历史文化价值

(2007年11月6日下午)

今天讲的题目是"洛阳新发现唐代景教经幢的历史文化价值"。

首先要讲一讲景教是什么?"景"字是译义而不是译音,西方把景教叫作聂斯托里(Nestorianism)。如果按音译,那得叫"聂教",不过历史上鲜见如是称法。Nestorianism传进中国以后,按其义译成景教。"景"在汉语里就是光、照的意思,是一个好字眼。在这里是指希望该教传入中国后要普照大地,这是"景教"本来的含义。

景教是基督教里面的一个教派。原来基督教在罗马帝国晚期是统一的一个宗教,后来分裂为东西两部分,西部是以罗马为中心的天主教,东部是以君士坦丁堡为中心的希腊正教,那就是东西两个系统。景教是第三个,大本营在亚洲的叙利亚,不是在欧洲的。那为什么景教跟前面两者不同呢?正统的基督教认为,耶稣基督是神,除了神以外不是别的。而景教主张,耶稣基督是神也是人,是半人半神,那就削弱了原来的神性,原来是十足的神,现在只剩一半了。因此,正统教会就宣判聂斯托里提倡的学说,即聂斯托里教是异端,这是在公元431年的宗教会议上宣判的,将其逐出正统教会。结果,聂斯托里就带着他的信徒往东方逃亡,从君士坦丁堡往东前往叙利亚、波斯境内发展。后来,景教的地盘主要就在西亚和中亚。

景教传入中国是在唐初,具体年份是在唐太宗的贞观九年(635)。由于中国政府只允许外国侨民信仰这些外来宗教,本土居民是不能信仰的。因此,景教并不像佛、道教一样,有大量的经典和书面资料流传,没有什么传世文献的话,那就得等待考古的发现。有关景教的文物有三次重要的发现。

第一次是在明末。1625年,西安郊区盖房子的时候挖到了一块碑,就是著名的《大秦景教流行中国碑》,该碑记载了景教传入中国的情况与基本教义,从而引起了在中国传教的耶稣会士以及中国一些士大夫的注意。这块碑是第一次、也是最重要的一次景教文物的发现,保存于西安的碑林博物馆,现在越来越重视文物保护,已经罩上了玻璃,20世纪80年代的时候是可以直接面对面看的,现在只能隔着好远看。

第二次发现是景教经。发现的时间比较靠后,是在20世纪初。1908年,敦煌发现一个藏经室,室中有佛经,也有其他的经,包括景教、摩尼教的经典。敦煌藏经发现以后,有一部分流落到海外,不过现在都已经公布,我们知道敦煌景教经一共有10部。

很凑巧,现在有了第三次的重要发现,就是我们今天要讲的洛阳景教经幢。经幢就像一根柱子,"幢"(chuáng)我记得广州话是念"tong^4"的,广州的"海幢寺"的"幢"就是这么念的。大家可以看到这块经幢已经断了,是2006年5月在洛阳被盗墓者偷挖出来的,时间上离现在非常近。大家知道,洛阳保存下来很多古代的墓葬,所谓靠山吃山,靠海吃海，洛阳有很多古墓，也就出了一批盗墓的高手，以此为生。中国人跟其他民族不一样，有厚葬的传统，因此，墓中就有陪葬品。盗墓这个工种很特别，从事盗墓者还发明了一种专用的工具，叫洛阳铲。

另外，对盗墓而言，一个人是办不成事的，得结伙，一般来说是要亲属的。因为以前有一些非亲属合伙盗墓的，后来就出事了。因为盗墓得有人下去挖土，有人在上面接应。下面的人挖到了，就把一件件陪葬品托上去，上面的人收得差不多了，就把旁边的土回填，就把下面的人活埋了。所以有些墓葬出土时，除了有原先墓中的旧尸骸以外，还有很新的尸骸，就是这些掘墓人。他是掘墓人，上面那个同伙，又是他的掘墓人。

因此，盗墓团伙多数是亲属，等到后来一作案，抓起来就是一串。景教经幢是5月挖出来的，8月就卖到上海，差点就要出境了，后来被有关部门在上海截住，9月重新送回洛阳。

景教经幢实物与拓片图（葛承雍提供）

现在存放在洛阳市文物局的库房，一般人不容易看到，要等将来进入博物馆，大家才能看到。但是材料已经公布了，根据公布的材料，我们现在介绍一下景教经幢的面貌。

如大家刚才看到的图片，经幢是八棱石柱，是石灰石材质，而非花岗石。因为是石灰石，所以也比较容易断，经幢当中还留有水痕，现在的断面是斜的，目前剩下的这一块，短边是60厘米，长边是85厘米，即不足1米长。8个面除了文字以外，还有图案。文字部分刻的是景教的《宣元至本经》，是讲神怎么样创造宇宙的，讲的是一些最根本的问题。另外的面是记事，叙述他们为什么要立幢，因此称为"记"。所以大家知道，8面中有几个面是刻了经，另外几个面是刻了记。除了文字以外，经幢上还有图案，经和记的上面都有十字架，十字架两边配有飞天图案，是一对男飞天和一对女飞天。经过考古专家的鉴定，这个飞天的形象与洛阳龙门石窟的唐代飞天是一致的，也就是仿造佛教的飞天图案，刻在了景教的经幢上面。景教经幢的出土，由于有经有记，因此可以让后人进一步去认识唐代洛阳地区景教的状况。我们所讲的历史价值，主要就是这方面的内容。立幢者到底是谁？为什么要立幢？基督教并没有这样的经幢，基督教的墓地不是这样的状况。建幢是为了表示什么？

按照记文来讲，立幢者是要表示孝心，也就是记中提到的"展孝诚"，即表示孝子的诚意与诚心。该经幢是在立幢者母亲的墓地立的，她姓安，属胡姓。这跟我们刚才讲的就没有矛盾，景教只能外族信，汉族不能信。这位姓安者，是胡人入华后繁衍的后代，这种人有一个名称，叫"土生胡"，就跟澳门土生葡人一样，是土生的，而不是刚刚从中亚移民进来的。记文中他自述所担任唐朝的公职是"东都右羽林军校尉"。安姓来自中亚的布哈拉（刺），安史之乱造反的安禄山就是姓安。安经幢的时候，有关的亲属也到场，所以记文涉及好多位亲属，从残存的记文看，称立经幢者母亲为"亡妣安国安氏太夫人"，另外记文中涉及好多位亲属，有"亡师伯"，还有从兄、舅、义叔，记文上提到的亲属名称完全是汉人的名称。立幢者对母亲的态度，还有对亲属的称谓，完全都是按照唐代汉人的家礼。这是第一点，从新发现的经幢，可以看到立幢的目的是为了"展孝诚"。

第二点是模仿佛教的礼仪来立经幢。刚才讲过，基督教本身并没有这样的经幢。佛教里有两种，一种是立在佛寺里面的经幢，另一种是立在墓地的经幢，称"坟幢"。现在这一件就是"坟幢"，因为安放在墓地。为什么要这么安放呢？按照佛教的说法，经幢像柱子一样立在墓地，太阳一照就有日影，日影就照耀了坟墓，为死者增加了冥福。这里景教徒是学佛教的礼仪来立幢的。

第三点就是飞天图案。经幢上的图案，除了十字架以外，并不是基督教的天使，分明就是飞天，飞天也是模仿佛教的。在这里大家可以注意一下，西方的艺术注重形，"飞"一定要有翅膀，否则飞不起来。所以小天使一定要有翅膀，飞马要有插翅。中国就不同：中国的艺术注重"意"，中国的飞天是用飘带来表示，会飘是因为有风在刮，那一定是飘在天上才会有那样的形象，所以不用加翅膀。甘肃出土的马踏飞燕，此名是郭沫若看过后作的，现在是中国旅游标志。这件雕像本来是要表现飞马的,马蹄踩在燕子身上,那就一定是在飞。所以我们从刚才飞天和马踏飞燕的事例,就可知中国要表现"飞"与西方一定要加翅膀是不一样的。

第四点,立经幢者的弟弟"景僧清素"是出家人,也就是景教的传教士,这里称"僧",本来应该称"景士"才对,这也是受佛教的影响。陪同他出席这个仪式的,还有洛阳景教寺的寺主和两名高级教士,称为"大德",这些都是佛教的称谓,不是景教的称谓。这些教士同时还注明他的俗姓,也就是出家前的姓,两个姓米,一个姓康。这两个姓也是胡姓,加上他母亲的安姓,都是当时唐代的胡姓。他们来自中亚,尤其是粟特地区,所以这批人就叫九姓胡。

以上我简单地讲了四点,这四点反映洛阳景教经幢特征。从以上的情况来看,洛阳景教教区受佛教的影响很深,从立幢的行为到教内称谓,都是如此。另外受儒家思想影响也很深,比如立幢者对他母亲的态度和对亲属的称谓。

为什么在洛阳这个地区,景教会这么受佛教的影响呢?这跟洛阳是中国佛教一个很早期且很有势力的基地有关。佛教传入中国是在东汉,公元1世纪的70年代。传说是白马驮经而来,为了纪念这个佛教传入中国的标志事件,洛阳建了白马寺。

这里我说一说为什么佛教徒礼拜的中心叫寺。"寺"本来是官府的名称,不是宗教性的名称。因为当时这一批外来的和尚,来的时候是作为客人,食宿由官方部门接待,当时接待的部门是"鸿胪寺",即现在的礼宾司。这是个衙门机关,只能短时间暂住,然后再安排专门的地方给这批和尚住。他们到了新地方以后，还记得他们住的地方叫作寺，所以新的地方同样也叫寺，此后就这么一路叫下来。这就是"寺"的起源——由鸿胪寺演变而来。

其次，在北魏的时候，洛阳佛寺的分布是非常密集的。有一本著名的书《洛阳伽蓝记》记载了洛阳相当多佛寺的情况。"伽蓝"是印度佛寺的译名。当时宫廷里的太后、皇后、公主等皇室成员都捐钱盖佛寺。到唐朝，佛教更加兴盛，尤其是在洛阳这个地方。大家如果去看洛阳最著名的龙门石窟，石窟中最大的那一尊卢舍那大佛，传说这尊佛像是武则天捐其脂粉钱修建的，而卢舍那大佛就是以武则天的面貌做原型。武则天不可能留下照片，后人只能猜测其容貌，因为后来她的威望超过了容貌。讲起武则天的时候，都突出她的权力而不会再讲她的容貌。杨贵妃不太有权，倒是经常讲起她的容貌，权力很大的就倒淡化了她的容貌。

脂粉钱就是现在的美容费，唐代的宫廷中，从后妃一直到宫女，是按照等级发放美容费的。大家可能会想到，美容费要作为专款来发放，说明那时候美容已经很完善了。假如只是粗粗地抹一抹，当然不用一笔专款。就我们所知的，唐代妇女，尤其是贵族妇女，美容，也就是脂粉这方面的需要已经是很全面了，也跟现代人差不多。从顶上算起，首先是发型，我们如果看出土唐俑的发型就有各种各样的，其中很流行的一种称为"堕马髻"，是梳在侧面的。接下来是到眉，我们平常知道杨贵妃的姐姐都标榜"淡扫娥眉"，而不是画浓眉。另外唐玄宗曾经公布过10种"眉样"，就是把画眉标准化和规范化，由皇帝颁布的；如果画出第11、12种就是不合适的。眉再下来是唇，唐代妇女是用唇膏的，叫作"乌泥注唇"。"乌"是指深红色，而不是黑的，也就是说唐代妇女也涂口红。还有就是用香水、染红指甲油。染指甲是用植物而不是用矿物染的，所以才有指甲花，用指甲花植物的颜色来染红指甲。发型、香水、画眉、口红、指甲油，所以跟今天也就差不多了。照这样装扮，就叫"时世妆"，现在我们叫时装，是其简化，就是指一种很时髦的装扮。刚才讲武则天的脂粉费是相当可观的，有2万贯，1贯是1000个铜钱，否则无法造佛像。龙门石窟的卢舍那大佛一直到现在还是一个很重要的古迹。

武则天信佛，就要听高僧讲经，印度佛经是不容易听懂的，讲给武则天听就要力求通俗化，甚至还得有教具，要不讲不清楚。因此，跟武则天讲《华严经》的时候，就近把镇殿的两头狮子拿来做教具，也就是说狮子的性质是经，但是造型是狮子，这就是形跟质的关系。这么一讲，武则天就懂了。讲给武则天听的这一席话，就变成了一部重要的佛学著作《华严金狮子章》，就是高僧给武则天说法的记录。

因为洛阳是这样的一个状况，从汉代、北魏到武则天时代，洛阳都是一个非常重要的佛教中心。因此，景教在洛阳这个小小的教区，可以说是被佛教包围的。我们今大最主要就是要说明这个问题。新发现的经幢，是在洛阳的，那跟长安的景教教区有什么不同呢？洛阳受佛教的影响更深，华化的程度更高。

从上面讲的我们可以看到，外来文化受本土文化影响，这种现象是最值得去注意，最值得去分析的，看在什么时间、地点和条件下，两种异质文化的融合，从中才能丰富我们的历史认识。

我们举例来说，佛教里面的观音菩萨，来到中国以后，"化"得最厉害。观音本来是男身，来到中国后，被中国文化所制约，摇身一变成为女身，但这样还不够，还得按照女性的愿望，把她塑造成为"送子观音"，这样中国妇女才乐于接受。就连称呼，也变成了"观音娘娘"；既然是"娘娘"，就可以出现在妇女居住的地方，闺房才能挂观音画像，才能摆瓷质或玉质的观音塑像。如果不是这样，那也很奇怪，古代一个少女的房间，如果挂一幅不认识的男子像，是很难理解的。在中国传统中，少女和寡妇的房间里要有观音娘娘陪伴，使得她的心灵更加纯洁，大意如此。

观音变成女身，当中也有其道理。按照印度的说法，观音有若干种变相，因为观音救苦救难，如果单是一个相的话，就救不了那么多苦难事情，所以得变相。女相是其中一相，但到中国后，被渲染得特别厉害。对现在的信众而言，很多也忘记其起源。比如理发店门口的条纹标志，来到中国变成了各种颜色的条纹在转，这就是忘记了它的起源。本来作为行业标志，应该只有两种颜色：一红一白，红白条纹相间。这是起源于中世纪欧洲的理发店，因为当时分工不发达，理发店兼有医疗服务的功能。欧洲当时最普通的医疗措施是放血，红条纹代表血，白条纹代表绷带，因为放血后要赶快包扎。因此，理发店的标志是一条红，一条白，再加其他颜色就不对了。中国以前剃头师傅也兼会一些外科技术，一直到现在功能还在，理发店兼按摩的服务，这就是历史上留下来的。很多东西因为中国化以后，我们忘记了起源。我认为，对这一类的现象，我们可以回头探索一下，探索之后是为了使得我们更好去面对外来文化的挑战。知道历史上是怎么样的，现在外来文化扑面而来，也不是样样合用，但也不能样样拒绝，要知道如何吸收。

在座很多朋友对历史感兴趣，历史思维有一个很怪的特点，一讲历史必定是过去，一定是在我们后面，要不就不称其为历史。研究历史得往后看，往前是看不到历史的，往后看是为了向前进，不是为往后看而往后看。打个比方，就是八仙过海里面"张果老倒骑驴"的形象，这构成一个矛盾，要前进不往后看是不行的，因为大量的历史经验是前人留下来的；但是迷失了前进的方向也是不行的。真正的历史学家在我看来无非就是一个张果老，他的特色就是"往后看，向前进"。

1. 问：可以再介绍一下洛阳的白马寺吗？

答：现在的白马寺是后来重建的，因为洛阳历史上也经过很多次天灾人祸。白马寺仅剩历史的记载和经过历代重修的遗址，已经不是原貌了，但是中国最早的寺院是在那里。"寺"字用于佛教，也最早也出现在那里。本来中国的佛寺，是学印度、中亚的石窟式，那才是原本的佛寺样式。但是后来中国的佛寺已经不是那样，而是院落式，很多是平面分布的，由山门一进一进往里面去。院落式的起源，是因为贵族信佛之后，设宅为寺，也就是施舍自己一套旧宅院，给和尚念经拜佛。既然是这样，它的形制就影响了寺的形制。因此，就不是去仿石窟的建筑，而是受贵族施舍者的影响，接受下来。

2. 问：经幢有没有拓片？内文是怎么样的？有没有具体的年份？

答：是有拓片的。《文物》杂志有发表，但经幢是不完整的，大概缺了三分之一，刚才我做介绍所依据的，也是剩下三分之二的内容。有人说残缺有残缺的美，假如完整的经幢留下来的话，就没有想象的余地了。因为缺了三分之一，就有文章可做了。从事考古、历史的学者就可以开始猜测了。

什么是美？人家开玩笑说，残缺是美，正如断臂的维纳斯、80 回的《红楼梦》。《红楼梦》没有写完，后面是什么故事，大家来猜。所以这个经幢，断了当然可惜，看看以后有没有机会重新发现，拼接完整。但是目前还是可以做出一些推论，立幢者母亲的姓氏是知道的，姓安，弟弟出家后的名字也知道，但不知道立幢人的姓，我估计也是九姓胡之一。立幢的年份是元和九年（814）。西安发现的景教碑是建中二年（781）立碑的，两者相差 33 年。一块在长安，一块在洛阳，可以看到景教两个教区是有差异的。

3. 问：景教经幢是八角形的，这是印度的风格、汉地的风格还是胡人的风格？我们有时候看到的经幢是六角形的。

答：经幢的造型是多样的。台湾有学者是研究经幢的专家。在"中研院"史语所集刊连续发表了三篇几万字的长文，就是专门研究这个问题。对历史上经幢的功能、造型、纹样做了系统的研究。现在看来，经幢也不是中国本土就有的，比如塔也不是中国本土就有的，也不是来自中亚胡人的，经幢来自印度，不过由印度来华以后，也有中国化的过程。塔后来也是中国化了，塔基是个八卦。

4. 问：您有没有景教《三威蒙度赞》的内文？

答：我这里没有。我们系有一位老师对此深有研究，他是专门研究唐代景教的。他写过一篇文章，就专门讲《三威蒙度赞》，收录于他的专著《唐代景教再研究》。既然问到这个问题，我顺便卖卖我们村里的农产品，也就是介绍一下我们系老师的相关研究。一位就是刚才提到研究景教的林悟殊，他还研究摩尼教和祆教，称"三夷教"。另一位姜伯勤，是研究敦煌的，也研究祆教艺术。他们都出了很多本专著，也涉及刚才所讲的相关内容。大家以后可以选看他们的著作，里面涉及很多新文物。

5. 问：在香港大学，有很多景教的印章，上面有十字架，十字架里面有个符号，像佛教的"卐"字，为什么会这样子，代表的是什么？类似"卐"这个符号，似乎古希腊陶器上也有出现，似乎古印度、两河流域古巴比伦都有这样的符号出现。

答：我没有见过那种文物，更没有研究。刚才提到的林悟殊老师，他就见过那批文物，有一次他跟我讲，香港还保存有这样一批东西。这批东西当然不是在香港发现的，是在内地来的。是在河北那一带，陆陆续续又发现这些代表基督教信仰的十字架，但是打上了佛教的烙印，受佛教影响的文物。这些不是直接从西方输入的十字架，因为十字架是个刑架，是有比例的，纵长横短，因为十字架是用来钉人的，人身比较长，而双臂张开比较短。刚才讲到的那种十字架，是纵横等长的，已经发生了变化。福建泉州也有出土类似的文物，该地也是一个外来宗教很密集的地方。

世界上有很多符号是类似的，佛教这个符号有这么一说，是从印度教接受过来的，因为他们有牛崇拜，就是牛头顶的发纹，也就是从牛头上毛的纹路演变而来的。

6. 问：您刚才说到建中二年的《大秦景教流行中国碑》，我想说一下景教在长安的问题。在这33年里面，景教的发展是非常快的。根据西安碑林这块碑文的讲述，应该说唐朝人是最先过圣诞节的中国人。因为在安史之乱以后，景教的僧人他们做了很多救死扶伤的工作，所以唐肃宗、唐代宗为了表彰他们，碑文里面有一句是"室女诞生于大秦"，也就是圣母把耶稣基督生在了罗马帝国，所以为了表彰他们这个贡献，他们在圣诞节的时候在城门上是有香花供养的，请当地的胡人包括九姓胡、波斯人、大秦人、叙利亚人，到那里过圣诞节。跟浴佛节皇帝也是出现在城楼上是一样的。这就是长安城在安史之乱恢复以后，第一次做圣诞节节庆的情况。

答：你这个补充太好了，这位毛小姐呢，是在伦敦大学攻读博士学位，每年要去中亚考察，参加考古发掘，她是很内行的。她回家探亲后，今天中午才到达香港，直接从机场来到课室，是很难得的。刚才你提到的，圣母玛利亚，景教碑叫室女，室女诞生了一个小孩叫耶稣。但是同时要注意的是，景教有两条基本教义：一条是二性，一条是不搞玛利亚崇拜，但不排斥在碑中提到她，提到圣诞节，那还有星期的问题，周一到七作为一个单位，也是在那个时期引进的。中国人原来并没有这样的时间单位，原本是 10 天作为一段，一般老百姓没有这个假放，当官的才有。在第 11 天美其名曰"洗沐日"，就是忙了 10 天了，回去洗洗衣服、洗洗澡。那时候都是 10 天为一旬，也就是以 10 天为时间单位的。以 7 天作为一个单位，也是受外来文化影响的，才有这么计算。

毛小姐提到了节日，节日也是如此。中国有本土的节日，又有相当一部分受外国文化影响才有的节日。其中，受印度影响是最多的，故个中好多是印度的节日，已经跟民间文化融为一体，变成民族节日。另外一种就是西方的节日，包括现在在年轻人中比较流行的那类节日。第三种是来自中国民间传说的节日。现在报纸上有一种争论，说情人节究竟要选哪天好，因为中西方那么多情人节，终归要有一个有纪念意义的。也有主张用七夕做情人节者，就是牛郎和织女相会的日子；但有的人也不以为然，说牛郎织女相会很艰难。情人节得祝有情人爱情顺利；但牛郎、织女要相会，中间却为银河所隔，得有老天帮忙，遣派成群的喜鹊飞过来，紧密排列搭成一座鹊桥，让情人得以相会。足见相会何其艰难。如果现在一些年轻人用这个来做情人节，意味着恋爱的前景包含着很多艰难困苦，危机重重，那是不行的。因此，有人则提议以正月十五元宵节作情人节，等等。

这些节日所赋予的内容，也有各种解释。我们可以这样理解，牛郎织女这样的一种民间神话，它反映的是中国社会基本结构，即农业和手工业的结合是极其牢固的：牛郎是代表农业，织女是代表手工业。以家庭为单位，就有农业、手工业，丈夫在外种地，家里缝缝补补当然是太太的工作，落实到社会的细胞——家庭，都是农业和手工业的结合。由于结合很牢固，就不能分离，如果分离以后，千辛万苦又得使其重新结合，过程是很曲折的，一层一层凝结成民间的神话故事，这是有意义可循的。

7. 问：古代墓葬出现新旧遗骸问题可否再作解释？

答：譬如说，一个唐代的墓，随葬品还在，只有少量的遗骸还存留，但墓中还有一具完整的遗骸，如果通过自然科学的鉴定，可以知道骨头是晚后的，不是跟墓葬同时期。就算不经过鉴定，一旦墓被打开，就知道是后来才埋进去的。因为埋葬的位置不对，是在墓道口。安葬的时候，遗体是摆在墓里面的，墓道口出现一具骨架，可想而知是盗墓过程出了事故。

盗墓者挖洞钻进墓中，把随葬品偷出来；同时需要有人在上方接应，站在洞口等着拿东西，才能往上面输送。等输送得差不多的时候，在上方接应的人如果是个贪心的人，就会想如果不把下面的人收拾掉，回来以后就得二一添作五进行分赃，所以就起了歹心，把洞口封掉，把下面的人活埋了。

古代修墓的时候，也有预防盗墓的措施，一些陵墓里面安着自动发射的箭，谁打开墓门就打中谁；然而，时间隔久了以后，机关也就生锈了，就不可能有那样的威力了，但机关还是架在那里。墓门口架着武器就是为了谨防盗墓。

另外，中国之所以盗墓会成为一种谋生手段，是因为我刚才讲的厚葬问题。随着社会的进步，厚葬从现在来讲，被认为是一种迷信，是很落后的；但世界万物一旦诞生，必定有其现世成长的理由，没有一样东西当它刚出现时便是落后的。所谓生气蓬勃，刚破土而出的东西是有生气的，不会刚刚露出地面就是落后的。厚葬也是这样，它的出现是一种进步。最早的随葬品是活生生的人，所以用陶俑代替活人，是历史上的进步，本来的那种叫作牺牲。牺牲现在由名词变成动词了，本来是指活的随葬品。现在我们写文章有时还用这个词"旧事物的随葬品"。最早的时候是很可怕的，越受贵族、皇帝宠爱就越惨，只有心爱的东西才会陪葬，爱姬、家奴是要随葬的。后来就不用了，但还要照顾在阴间的生活，那就做代用品，有马、有车，还有其他成套的，例如乐队。这些东西属于厚葬，虽然从现在来讲，是落后的东西，但是它代替了活生生的人，是进步的。

好多东西一定要这么去看，婚姻制度也是这样。比如说"婚"这个字，起源就是黄昏抢女人，这种抢掠式的婚姻，是很野蛮很落后的，但是在这种方式之前的是乱婚。那是乱婚进步还是抢掠进步呢？当然是抢掠进步，因为抢到后就属于个人的，那就构成了配偶关系。所以抢婚代替乱婚，是前进了一步。后来名声很差的买卖婚姻，其实又进了一步，因为买卖又比抢好。我们不能孤立去判断事情，我们现在说婚姻应该自主，不该搞很落后的买卖婚姻。跟现在比确实是落后了，但跟前面比却是进步。买卖终归是一种交易，比抢好。

诸如此类的事情，要有一个前后的对比，比一头还不够，事情的发展，有前面这一头，也有后面那一头，定位的时候要定在中间，两头都要兼顾着看。落实成为一句成语就是"瞻前顾后"，那就不会只看一面。

历史是很有意思的，有个问题讨论了多少年了：历史有什么用？日常很多事物，我们都是接触到它的功能与作用，一谈到历史有什么用，那就很难说清。因为它的功能不是"用"，而是知人论世。正如食品可以分两种，一种是一日三餐所吃的日常食物，可以解饥渴，肚子饿了一吃就饱；另一种则是功能性的食品，并不是用来解饥渴的，而是有另外的养分，吃了可以增强体质、补身体。

历史的功能就不像日常食物，因为不是立刻就起作用的，它更像是补品，能够提高我们的认识。接受历史的经验教训，有利于我们知人论世，这才是历史主要的作用。要不然那一批过去的知识有什么用呢？

前天我在中环的三联书店也做了一次演讲，后来举了一个例子，历史上就算该演讲把它辨识清楚了，那对今天又有什么用呢？具体知识来说是没有用的。白居易的《长恨歌》提到"七月七日长生殿，夜半无人私语时"，讲的是唐明皇和杨贵妃在七月七日，就是有人建议作情人节的日子，在华清池的长生殿那里山盟海誓、谈情说爱。读白居易的时候，一般会觉得这两句话也很美的。但是，经过研究以后，却证明不存在这个可能性，也就是说，七月七日唐明皇和杨贵妃不会出现在华清池。因为华清池是温泉所在地，夏天会去泡温泉吗？唐代的文献记载，他们去华清池都是在冬季或者初春，这个时候才去华清池，这是保存着历史记录的，其他时候是不会去的。所以这是时间层面的问题。

另外一个问题是空间层面的。不是七月七日，其他时间去长生殿谈情说爱行不行？也不行。因为长生殿是拜神的地方，是个斋殿，是一个非常严肃的场合，正如到礼堂、教堂，是去祈祷的地方。去到那里不能做别的事，这是有规矩的。经过研究之后证明，"七月七日长生殿，夜半无人私语时"在历史上并没有可能出现，是白居易写诗需要所进行的艺术虚构。这样一席话，讲起来可能就三分钟，听了当然觉得好玩，但又有什么用呢？又讲回这个"用"字，从长远来讲，也许它有一种功能，就是认识事物我们要考虑时间、空间的关系。时间对不对，空间允许不允许，这样对我们知人论世有帮助。历史主要是这一类的作用。

市舶时代广府的新事物

(2007年11月7日下午)

这一讲，我们讲"市舶时代广府的新事物"。首先要解释的是两个名词：一个是市舶，一个是广府。"市"就是互市的意思，相互做生意，也就是贸易；"舶"是指海船；"市舶"实际上就是海上贸易。"广府"是广州都督府的简称。中国到了元代才开始分省，元之前是道，广州属岭南道，是岭南道里面的广州都督府，凡是名称，都是越简单越容易记，因此简称广府。唐宋时期来广州做生意的外国人，尤其是阿拉伯人，他们的记载里就把广州叫作"广府"。后来，西洋人来广州做生意，就把广州叫Canton，这个名称是大家都熟悉的，其实这个音是指广东。

广州开展海外贸易时间很早，从汉代就开始了。当时广州叫番禺，现在是广州的一个区名。汉代称番禺是一大都会，就是说广州当时已经是一个商业中心。在唐宋时代和明清时代，广州都是重要的通商口岸。由于历史上形成了重要的地位，风水先生就有文章可做。明清时期的风水先生讲为什么广州这么早有对外贸易，是因为广州地形就像一条船，城市景观最突出的三个地方高，一个是六榕寺的花塔、一个是怀圣寺的光塔，这两个塔就是这条船的两个桅杆。然后越秀山上的五层楼，就是现在的广州博物馆,则是这条船的舵楼,所以整个广州城像一艘船,桅杆和舵楼均朝向珠江水面。这个说法流行很久。屈大均的《广东新语》里就记载了这样的说法,但这是倒果为因,先有果才附会出这样一个因,因为广州有了对外贸易,才有了这样的说法,并不是有了这样的"风水",才有广州的对外贸易。如果讲得比较理论化,这叫作社会心理。

在市舶时代,有一条很重要的航路叫"广州通海夷道"。大家知道,古代中国是以自己为中心的,东西南北的"四夷"各有一个叫法,东面称"夷","夷"就是海螺之义,这个字造得很好,字形就像一粒螺。在东面有关的民族,在中国人心目中是以渔为生的,因此以螺作为标志。

广州通海夷道是唐宋时期的海上商路。大体上,这条航路经过的港口、城市有100多处。可分为三段,用现代地名来讲会比较清楚:第一段是从广州到马六甲海峡,也就是从广州到新加坡,这一段还没有进入印度洋;第二段是从马六甲到波斯湾,这一段是穿过印度洋的;第三段是由波斯湾经过阿拉伯半岛的也门到非洲东海岸,最重要的目的地就是现在的索马里。广州通海夷道就由这三段组成。当时的贸易,最主要的是把印度洋和东南亚出产的香料运来广州,然后从广州运回瓷器,到东南亚和印度洋各国。可以这么说,当时这种市舶贸易就是"以香换瓷"。直到现在,广州通海夷道沿途的海岸或者海里沉船,还经常会发掘或打捞到中国陶瓷。

在这条航路上,有两个贸易港与广州关系最密切。一个是三佛齐,就是现在的苏门答腊;还有一个是瓮蛮,这是译音,实际上是现代的阿曼,中国的方块字有音有义,把从海外来的看作是比较野蛮的。"瓮蛮"这个"蛮"字,下面是一条虫,就像刚才说"夷"是一粒螺,这个译名的用字,也反映时人对外国人的看法。以上是对市舶时代航路、贸易港和商品的初步介绍。

当时通过海路进口的香料,有乳香、丁香、胡椒、豆蔻、龙涎香等几十种。香料不是单独用,而把不同香料掺和起来做成配方,称为"和香"。尤其是在宋代,运到广州香料的数量很大,广州这里消费不了这么多,因此香料从广州上岸后,就开始往内地扩散。北宋时期主要是往河南一带扩散,因为当时首都在开封;南宋则是往江浙一带扩散,因为首都迁到了杭州。

这种情况与欧洲中世纪相似,欧洲中世纪的香料贸易也非常突出。后来哥伦布和达·迦马往海洋搜索新航路,也是要开辟香料来源,后来意外发现了金银,但最早的动机还是寻找香料。

中国宋代也是输入了大量香料。当时香料的用途非常多,有些现在已经隔得比较远了。好多贵族家里面使用香料,比如有身份的妇女,出门时要提着香炉;但不是拜神拜佛那种祭祀用具,而是手提式的香料容器。另外还有提炼香精,甚至做高级住宅的涂料,人的居住环境才有香气,这种用途也是后来才没有的。

以上我们就南海商路跟商品结构做初步介绍。

接下来,重点讲海外贸易以及大量的舶来品,究竟使得广州产生了什么新事物。

第一个新事物就是新机构。这指的是唐代在广州设立新机构，管理海外贸易事务。刚才讲的这些商品，都是市舶带来的，所以就设立市舶司。"司"字起源很早，在中国历史上指的是一种官府。市舶司里有一位官员，叫"市舶使"。根据文献记载，唐玄宗开元二年（714）广州就有市舶使管理对外贸易。后来对外贸易事务多了以后，逐渐有了协助市舶使工作的人，就变成一个机构——市舶司。根据文献记载，市舶司正式成立是在宋太祖开宝四年（971）。也就是说，8世纪有了这种官员，10世纪机构成立。

市舶司首先在广州成立，中国另外一些港口也仿照这个模式，设立市舶司，由市舶使负责。比如福建泉州、浙江杭州也设立了市舶司，广、泉、杭是当时很著名的市舶司所在地。这三个口岸中，最繁荣的是广州。市舶司制度一直延续到清代，宋、元、明一直叫市舶司，到清初康熙时期市舶司始改名为粤海关，可以说古代的市舶司就是近代的海关。"关"本来是陆路的，后来海上的边关也需要把守，才加一个"海"字叫海关。这是第一个新事物，出现了市舶司。

第二个新事物是出现了新社区。这是怎么来的呢？因为外国商人需要停留在广州，中国政府就划出特定的区域给他们居住。这里有一个情况要说明。古代番商乘船而来，按道理可以居住在船上，贸易完成以后就可以开船走人，为什么需要上岸居住呢？如果不了解当时的交通状况，就很容易觉得莫名其妙。那时是帆船时代，在印度洋的航行要靠季候风，夏季来华冬季回，帆船需要等季风。轮船时代就没有这样的问题。因此，市舶贸易是一种季节性贸易，商人要等季候风才能返航。这样的话，外国人夏天来到广州后，就有一段时间得在广州居住。为了便于管理,因此划定了一个区域,限定了范围,这个区域有个专门的名称叫蕃坊。

目前所知,用现代广州的路名来表示的话,蕃坊的四至,大致是这样的:东到解放路、西到人民路、南到惠福路、北到中山路,也就是在怀圣寺的附近,现在这个地方已经变成广州的市中心了。大家有可能会想到一个问题,怎么会在市中心划个地方给蕃人暂住呢?那岂不是像在香港中环留个地方给客居的蕃商?其实并不是这样的,这牵涉历史上珠江沿岸的变迁。以前珠江河面很宽,现在的北京南路那一带,还都是在珠江里面的。现在广州有一个地名"长堤",以前也是在水里,后来筑堤才形成。我们所讲的唐代,珠江河面非常宽,蕃坊的四至,已经很靠近珠江。真正的广州中心区域是在北京路到财厅前。所以现在北京路步行街,还有一条玻璃栈道,展示千年古道遗址,而蕃坊则位于当时市中心的西南侧。可以这么说,蕃坊的产生是由于等船候风需要,划定区域给他们居住。

蕃坊的居住者构成复杂,是需要进行管理的,因此在蕃人中要设蕃长,由中国政府任命。同时,宗教仪式也是由蕃长负责举行。蕃坊中大量居住的是阿拉伯人,他们信仰伊斯兰教,需要举行宗教仪式,所以也就要有相应的宗教建筑。在蕃坊里除了蕃长外,还有一座蕃塔。蕃塔被广州市民称为光塔,因为以前塔顶有灯,点亮起航标的作用,因此有这个名称。根据伊斯兰教的译音,光塔叫"邦克楼",意译成"宣礼塔"。伊斯兰教在光塔上举行宗教仪式会有诵经等声音,广州市民觉得莫名其妙,出现一个很有特色的名称——"叫佛楼"。这些名称指的都是光塔。除了礼拜之外,还有一些随船而来或留在广州的外国小孩,就有教育的问题,需要学读书写字,因此新社区还办起了蕃学。大体上,新社区里面就包含了这四个内容:蕃坊、蕃长、蕃塔、蕃学。

第三个新事物是出现了新礼仪。这是中国人跟外国人接触之后才会有的。我们说个例子,到了近代,出现了握手的礼节,这是洋人来了之后才有的。清代有身份的人,例如高官、富商,是要留长指甲的。从慈禧太后的照片就可以看出,洋人看了觉得害怕,以为暗藏什么武器,他们对此比较隔膜。但这完全可以理解,美国经济学家凡勃伦的著作《有闲阶级论》中,主要举的是欧洲的例子,还没有举到我刚才讲到的中国留长指甲的问题。留长指甲意味着不用劳动,日常生活有别人伺候,贵族妇女有婢女梳头,洗衣服、做饭更加不用自己动手,完全不用劳动,这样才有可能留长指甲。这是我读《有闲阶级论》以后,我想到欧洲没有这个习惯。

讲到唐宋时期新礼仪,是指一种由市舶司举行的宴会——市舶宴。市舶宴是市舶司在季候风快要来临,蕃舶就要返航时为他们送行所举办的宴会,时间大约是在每年的10月份,由市舶使主持,宴会地点是面向珠江的海山楼。这是外国船停泊的地方,那时是帆船,船不会太大,所以不用停在黄埔,可以直接沿珠江航道开到广州。根据记载,海山楼附近的水质是珠江中最好的,水质最好的这个地方称为"小海"。广州是把江称为"海",包括在河南(珠江南岸)这边要过去广州称为"过海"。市舶宴之后,蕃商就在小海处汲水,准备好淡水后,就出发返航了。大家知道,海水是不能喝的,船上一定要带淡水。以上很简单地提一提,我的专著中有一篇文章《宋代广州的市舶宴》① 专门详述。

另外一种是祈风礼。每年5月，广州的官员就要祈风，祈求当年风顺，便于商人在海上航行。新的礼仪主要就是这两种。

第四个新事物是出现了新行业。市舶时代广州社会出现的第一种新行业是"和香人"。"和香"就是按配方将各种香料进行搭配，这需要专业知识，跟配药方相似，专业性很强，不是随便一个人可以从事的；正如制药一样，有一大套的规定，因此形成了一种新行业。宋代留下来了很多和香方，还有整本的和香方传世，当时宫廷、贵族乃至佛教、道教的寺观都要和香。所以留下来的和香方很丰富，当时从事和香行业的人也不少。

第二种新行业是解犀人。伴随香料而来的还有两种贵重的东西：犀角和象牙，它们都是跟香料一起运到广州的。犀角和象牙是需要解开的，犀角非常硬，切开必须有专门的技术，从事这种工作专门技术的人就叫作解犀人。包括切割犀角和象牙的技术。

第三种新行业是牙人。蕃人来到广州后，要跟汉人做生意，必须要有中介，所以出现了牙人。牙人又名牙侩，就是经纪人。这种人从买卖双边捞好处，所以才有"市侩"这个词，而一般不会用来嘲笑商人的。做中介的、当经纪的，从买方、卖方处都拿到甜头。这种就叫作牙人。

---

① 蔡鸿生：《广州海事录——从市舶时代到洋舶时代》，北京：商务印书馆，2018年。

当时这种人不少,还留下了一些事迹。例如,有一个卖香料的蕃客,名何吉罗,来广州做生意时认识了番禺牙侩徐审,临别的时候,何吉罗送徐审三块非常好的香料,嘱咐他如果发生瘟疫的时候就拿出来用,可以保一家平安。何吉罗回国以后,番禺出现疫情,徐审赶紧拿出香焚烧,后全家得救。因为是何吉罗送的,后来这种香料就称为"吉罗香"。

牙人在买卖双方间沟通,这是贸易行为,还得要有人会说双方的语言,所以出现了第四种新行业就是通事,即翻译人才,宋代的广州有另外的专门名称"唐帕"。

以上这些新事物,是在唐宋时期的市舶时代,由于海外贸易的发达,外国商人来到广州,外国商品运到广州后,引起了一系列的反应,带出来新机构、新社区、新礼仪到新行业。这里我讲讲当中所包含的一个普遍性的问题,供大家参考。

历史上,交通是起源于交换,有东西需要交换,然后才要从甲地到乙地,而不是反过来,不是开辟了交通是为了便于交换。这点希望大家注意:交通起源于交换,路是人走出来的。这种是为了以他之所有,换他之所无,即沟通有无。

在中国历史上,最早扮演这个角色的是商族,他们最早从事交换。所以后来中国把会做生意、搞交换的人称为商人。"商"字就是这么来的,从字形而言,是没有办法解释为什么做生意者叫商人的。

商业是从农业中分离出来的,要有东西去交换,必定农业要有剩余,如果种出来的东西全部吃光,就没有东西可交换。因此要农业发展到一定程度,才会出现商业。中国社会有一句话"以农立国,重农轻商",大家都明白其含义。中国是农业民族，历来是立足于农。正因为如此，当全世界越来越走向近代化的时候，中国有时就比较被动，因为"重"的还在"农"。整个民族的经济不是外向型的，而商业是外向型的。

由于经济这种情况，也影响到文化、政治和人的观念。中国人绝对是安土重迁的，后来是拖着沉重的步伐走向世界，并不是走得很轻松，西方就不一样。商业民族、航海民族和游牧民族是外向型的，骑着马、开着船，农业民族就不是如此，而是种地自给自足，不愿意离乡背井的。

中国人是被迫漂洋过海的，一直到近代，最早一批外交官出国，还视为苦差事。清朝组织第一个代表团出国时，不是叫外交使团，只是叫观光团，由卸任的美国公使带队，这也是很奇怪的事，团长不由自己人去当。而且还是美国公使劝说才成行的，说到西方那里得去看一看，他愿意为这个事情效劳。那清政府就派几个人，这几个人并不是大官，是让几个普通干部"戴帽"——提升级别后，再出去比较体面，这样组建起了出访代表团，当然，整个装扮还是按清朝的样子。

到了西欧，观光团看到了很多新事物，有很多的不适应。大家知道，一直到现在还是如此，西方文化重在参与，中国是重在观赏。对中国人来说，音乐、体育看就够了，观光团成员看到人家打网球时，有人问他作何感想，他说何必这么辛苦，叫仆人打就可以了，坐在那里看即可。洋人送宠物是一种礼节，是非常客气的，送一只哈巴狗作为礼物，是非常体面的。哈巴狗跟人有族谱一样，一份书面说明，写明该犬父母双方的世系，例如说此狗的祖父是某公爵养的。过后来问情况，小狗还好玩吗？居然回答说很嫩，原来已经被吃掉了。就是这样一种情况，跟国际社会主要是西方社会，起初时是格格不入的，但是中国人觉得无所谓。从乾隆时代就是如此，18世纪末英国派马戛尔尼使团来，要来通商被拒绝，说这里什么都有，你们那一套我不稀罕，英国人也没有办法。

到后来，早期称"开眼看世界"，后来称"走向世界"，其实，走得很不轻松，拖着沉重的步伐，是被动的，不是主动的。反观欧洲不论西欧、东欧都是主动的，例如俄罗斯人开辟西伯利亚。至于地理大发现以后到开辟新航路、成立殖民公司，全部都是很主动的，但我们这里就不是这样。

现在常常讲，我们也听惯了"转型""接轨"等词汇，其实谈何容易，历史上形成下来这些传统，要慢慢地、自觉地克服、扭转，是没有那么容易转型、接轨的。因为讲到了海外交通、商业交换、商业农业的关系、中国与世界的关系，连起来大概就有这么一些想法和看法，提供给大家参考。

1. 问：中国以前就有的切割玉石技术与切割象牙技术有什么不同？

答：这个我不清楚。玉、石这类东西都需要割开。我们能知道的是，后来作为地方的特色工艺，可能跟历史传统有关。广州这个地区很早接触象牙，很早就接触象牙切割技术，所以后来广州的牙雕很出名。广州的工艺是最好的，而提供图案、提供设计是苏州最厉害，所以到了清代就有这样的说法："广州工，苏州样。"广州这种特色工艺可能就跟海外贸易有关系。后来洋表、洋钟最先输入广州，广州的工人最早掌握了钟表技术,因此广州的钟表后来也很有名。还有广州的镜子在国内市场很有地位。这些洋货在广州经过改造之后,一直到现在称广货,在国内市场,形成了广货的特色。

2. 问:能不能再讲讲办学"蕃塾"的具体情况?

答:主要是蕃商来广州后,特别是北宋时期,表示可以资助一些事业。一种是资助办蕃学,另一种是资助广州扩建城墙。办学中国人是接受了,但第二种资助,中国人没有接受,城市建设不愿意外人插手。

3. 问:可以再讲讲广州蕃坊的四至及其影响吗?

答:(首先重复了四至的路名。)中国最早跟外人、外商接触的,看起来广州名列前茅的。所以,这对广州人造成了很深层的影响,并留下了痕迹。后来,广州和珠江三角洲比较容易接受外面的事物,也比较容易出去。比如光绪年间第一批留美学童,也就是清政府送出去一批去美国留学的幼童,基本上是广东人,其中中山籍的比例很高。现在看来,存在一个古今观念的差异引发的问题:是不是广东人近水楼台先得月呢?广东人知道这批出国名额后,安排自己的子弟赶快先出去?历史上并不是这样。

当时送小孩去美国读书是视为畏途的,是不得已的。父母要跟政府签字画押,声明小孩有三长两短不要找政府麻烦。有身份的人不会安排子弟去留洋,会在本地受传统教育,然后走科举之路,谋取一官半职,走的是另外一条路,不会想到要去美国。这是一批当时出国的人。

另一批人是社会下层、农村破产、无以为生的人，只好跑出去出卖劳动力，但过了几代之后，这些人回来很体面地被称为"金山伯"，这说明出国后情况发生了变化。留学生和金山伯会出现在广东，体现出很深的历史渊源。

历史认识事物是这样，对字画的欣赏也是这样。欣赏书法和画不能贴着观赏，一定要挂起来，保持相当的距离才能欣赏。法国著名的雕塑家罗丹讲过："最高级的美存在于深度效果之中。"有深度就是保持一定的距离，才能欣赏美。所以一些事情的认识也是这样的，贴得太近是看不清楚的，西方有一派历史的主张，认为刚发生的历史不能研究，要过后才能研究，贴得太近就看不清楚。就像把事物摆得很靠近眼睛，是看不清楚的，要拉开一定的距离才看得清。这是同样的道理。事情过了50年、100年，时人有些观念和后人发生了很大的变化。比如留洋的问题。

再例如1858年，广州城被攻破，叶名琛被俘虏。后人觉得这是一种惨痛的失败。但是叶名琛自己来讲，好像还觉得他是挺身而出，说他自己不怕死，他带着棺材上英国轮船，准备随时可以死。为什么他要去呢？他准备要去英国见女王，跟她讲英国这样对待中国不公平。后来他死在印度加尔各答，并没有去成英国。

所以我觉得，历史观念差异是非常微妙的。古人的想法和今人的想法不一样，我们研究历史，很容易以我们的想法去代替古人的想法，即今人之心度古人之腹，全凭今人想象，这样就离谱了。孟德斯鸠《论法的精神》中就非常反对把历史现代化，他指出："把现代人的观念移用到古人身上是产生无穷错误的根源。"他说的是"无穷的错误",不是一般的错误,是一大串错误跟着来。因为用现代观念去想象古代的人,这完全是不可思议的。

4. 问:您说海外贸易比较繁盛的年代是唐宋和清代,给广州带来了益处,那元朝、明朝的海外贸易,对广州是否也有好的影响?

答:从总体贸易来讲,元代陆路是比较突出的。明清时期的海外贸易,对广州影响很大。历史上的海外贸易可分成两个时期,市舶时代和洋舶时代,以15、16世纪为划分线。在此之前是市舶贸易时代,在此以后是洋舶贸易时代。15、16世纪属于明代,一直到清代,明清时期的洋舶贸易,从规模到影响都超过了市舶时代。到了洋舶时代,出现了非常多跟"洋"联系的新事物。比如洋行、洋人、洋教、洋火、洋油、洋布等等,影响是更加深远的。前一个时代,外国的东西主要称"蕃",后一个时代称"洋"。

5. 问:广州沙面算不算蕃坊?

答:不是的。这涉及蕃坊和租界是不是一回事的问题。它们不是一回事。蕃坊的蕃长是由中国政府任命,但租界的洋人是独立的天下,有了租界之后,就是"城中有城,国中有国",是划定一个地区,由他们自治的,后来就叫作治外法权,按他们自己那一套治理。但蕃坊里如果犯罪的话,轻罪按蕃商自己国家的法律办,重罪按中国法律办。这就跟租界的做法不一样。

6. 问：宋代的通事叫唐帕，这名字是怎么来的？

答：对于这个词，中国人也好，日本人好，不知道是音译还是意译，时至今日都不清楚。只知道这种人起的作用，就是当翻译，叫"唐帕"，但"唐帕"字面是不好解的，如果是译音，是从什么语过来的，时至今日，还没有搞清楚。无论是日本的桑原骘藏还是国内的学界都还没有明确的解释。

7. 问：关于牙人，唐朝记载安禄山"通九蕃语，为互市牙郎"，看起来牙郎做的就是牙侩的工作。牙人是不是也担任一些翻译的工作？跟通事的关系是怎样的？

答：这个问题可能得这么看。行业分工是越来越发达、越来越细致的。唐代的牙郎可以兼任翻译，后来发展成更精细的分工，有人当经纪，有人当翻译。各有所长，那不更好？是的，安禄山他通几种语言，又是互市牙郎，据说本来牙人、牙郎，是用胡字写的，唐人写胡字比较草，继承下来就成了牙字，后来继承下来就成了牙人。因为照牙字来说，是不得其解的。

8. 问：听您讲牙人帮我解决一个问题。中缅边境，少数民族在完成生意之后，要"吃打牙"，就是买卖双方拿出钱，请中人大家吃一顿饭，叫作"吃打牙"，不是少数民族的语言，不知道其他地方有没有见过，不知道史料中是否有记载过"吃打牙"？

答：我记得广州这里有"打牙祭"的说法，多了一个字。过去听过打牙祭，在云南边境称打牙，这个起源可能要请教研究民族、民俗的朋友，但肯定可以得到解释的。不过由此我想到另一个事情。罗汉斋现在是出现在菜谱上的，由若干样素菜杂烩而成。我们讲海上贸易时期，海上航行时，在船上碰到危险的时候，只能够对神佛祷告，求得保佑，假如能度过这个厄，到达目的地，一定好好答谢。如果果真顺利到达广州，是要举行一个仪式，这就是他们的一个"斋期"：备好食品举行仪式，答谢神灵，就叫罗汉斋。最早罗汉斋是个斋期，因为佛教是吃素的，因此罗汉斋是素菜的，是用一种斋期来命名一种素菜。

因此，有些事物的产生，总是有它的来历的。就像牙人、中介人、经纪人。罗汉斋产生于对海上风险的一种祈求，后来变成了一种素菜的名称。至于很多译名，更是如此。比如名声很不好的鸦片，也有很多个译名，有的译得很好听。比如"阿芙蓉""雅片"，不是用乌鸦的"鸦"，而是风雅的"雅"。

这就是中西文化中的一个差异，可以准确音译外国词汇，但是中国汉字跟西方不一样的，可以准确翻译其音，但用字可以将其贬低，因为汉字有形音义。比如20世纪50年代，美国被暗杀的总统肯尼迪，被翻译为"啃坭地"，这个音仍然是这个音，但可以表达贬义。这是中国特有的。

后来我们还看到译一些英国商人或者俄罗斯使者名字的时候，也给我们提供了观察的场合。如果友好的时候，可以用一些美的字眼来译；如果关系恶劣的时候，译名可以用很丑的字。我记得，清朝几个俄罗斯使臣的名字译得很难听。这是中国才有的特色，假如拼音化就不存在这个问题。又比如这么两个字，"耶稣"被译成了"夷鼠"，它的音也是对的，不是对宗教不尊重，历史上就有这些译法。

有时候看文献的时候也可以注意这些问题，中西文化的差异，是渗透到表表里里，不是很干巴巴地说"他们民主，我们专制"这样表层。从礼节到饮食习惯，面上的容易理解，观念上的中西有差异。"表"要改就比较容易，正如外表要洋化很容易，但"里"要改就很难，正如观念上要化就极难。要包装很容易，要真正改变性质则很困难。希望大家通过刚才的聊天后，以后在观察文化交流、文化差异、文化变迁的时候，可以适当注意这些事情，就不会显得太隔膜。

我也得声明，随问随答的时候，大体讲出意思，不一定很准确，底线是不会胡说八道。

9. 问：昆仑舶是否跟昆仑奴有关系？

答：是的。现在经常提到的是昆仑奴、昆仑舶，现在完全缺乏研究的是"昆仑文明"，昆仑是有文明的，希望有人去研究。昆仑奴是一种劳动人手、奴仆的身份，昆仑舶是运来了一批昆仑货的船，包括运来了香料，尤其是运来了丁香，是从摩鹿加群岛而来的。但是，目前整个昆仑文明还缺乏研究，当然也受资料限制。现在脱离"文明"来讲"奴"和"舶"，很多事情谈不下去。西域文明的研究有了众多很好的成果，游牧文明也是这样。但是南海的昆仑文明，一直到现在专题研究鲜见。以前有的一些研究，是涉及南海地名，对于文明的研究还不多。

10. 问：可以说说市舶时代的泉州和杭州吗？

答：可以的。泉州和杭州比广州兴起得晚，尤其是泉州，在南宋末年到元代这段时间，超过了广州，当中的原因好像尚未有很好的说服力。假如说广州衰落了，为什么明清时期会再兴起，起来还很兴盛？这个低谷的原因是什么？南宋到元，广州的位置被泉州取而代之，其中的原因还需要探讨。

泉州有很多阿拉伯商人还有他们的后代留下大量的墓碑，有几百件之多，这个特色是广州没有的，泉州石刻反映的主要是伊斯兰教的信仰，也有基督教和摩尼教的。还有一个例子，蒲氏为阿拉伯人的后代，后来这些人变成了农民，尽管变成了农民，根据厦门大学的老师们调查研究，蒲氏家族长期经营香叶，这个调查很有意思，后来香叶变成了制造迷信品，在社会生活中就不会有太大的作用了。

另外，泉州还出土了一艘宋船，虽然船不大，但沉船打捞起来以后，得到了一些由沉船提供的信息。第一，船上的货物经过清理、分析以后，发现主要是香料，由于运载了很多香料，就知道这艘船是从外面开回来的，才会带着香料。第二，船上还保存着几个象棋的棋子。这也是对的，中国象棋最后定型就是在宋代，另外也知道出海的人要有一定的娱乐，也许还有一点乐器也说不定，但已经腐烂了，我们不好去猜测，这些东西应该都有的。海上的航行生活非常单调的，出现了象棋，就会引发其他的想法，是否还有其他东西丰富娱乐生活，值得探讨。第三，根据分析，也知道这条船到过什么地方。这不是通过文字的记载得知的，而是分析船体底部贝壳寄生的情况，因为不同贝壳生存的海域是不一样的，贝壳是会寄生的，贴在船底，所以经过分析，可以知道所经过的海域。

总体来说,从实物而言,泉州的资料比广州丰富,但是从文献而言,广州的文献是遥遥领先的。一直到明清时代,西方往东方发展的船队,一来就停靠广州;后来广州不让停靠才停澳门,就不是在泉州那一带。

唐宋市舶的海难防护

(2007年11月13日上午)

今天讲的题目是"唐宋市舶的海难防护"。主要会谈到唐宋时代到海外贸易的船会碰到什么样的海上灾难,以及这些灾难在当时条件下如何应对?

人类是从陆地走向海洋的。在陆地时会遇到困难,进入海洋同样也会遇到。海上的困难与陆上有很大的差异。比如陆地上找水喝是比较方便的,一旦下海之后,海水是不能喝的,所以得带淡水,假如淡水用完,生命就要受威胁。这是海上才有的问题。

从广州出发,经过印度洋到波斯湾的航线很长,要经过几个海域。第一个是中国南海,第二是马六甲海峡,第三是孟加拉湾,第四是阿拉伯海,第五是波斯湾。这些海域就像我们陆地上划分区域,有些地点经常出现海难。举例来说,在中国南海航行,要经过西沙群岛,西沙群岛有个地方叫七洲洋,那里有很多珊瑚礁,不是沉在海底,而是离海面不远,但平时又看不到,这种就是暗礁。船就经常在这里触礁。

到了马六甲海峡,南边是苏门答腊,苏门答腊的东北角,与印度洋相连的地方,也经常出现海难。2004年的印度尼西亚海啸就是从这里开始爆发的,然后波及斯里兰卡。这里风险很大，为了容易记忆，我把地图上这个地方想象成张开的鳄鱼头。孟加拉湾、阿拉伯海、波斯湾都不同程度存在这种问题，各有险处，但突出的是刚才讲的七洲洋和马六甲海峡出口这一带。

陆地上的主要来自风沙，比如戈壁沙漠，海上风险主要来自海浪。所以不管是陆地还是海洋，都充满风险。后来"风险"二字，从交通领域借用到其他领域，我们现在说"冒着风险"，实际上是"无风有险"，为什么要加"风"字，就是从此借用的。可以这么说，有海必有险，风平浪静是很难得的，才会变成人的愿望。如果常规的状态是风平浪静，那也不用有这样的愿望。

人们用"海"形容的一些领域，就因为也存在着"险"。比如商海，就是做生意的地方，商业领域当然风险很大，有人发财，有人破产。除了从商，做官从政，政治领域也是个"海"，叫作宦海。宦海也有沉浮。还有另外一个"海"，乍听之下，好像没什么风险，就是学海，跟在座诸位有关的。学海有没有风浪呢？大家想一想，不要忘记有文字狱。历史上文字狱就是学术领域很大的风险，惹上就不得安宁，有可能会掉脑袋。清代尤其是乾隆年间，多次发生文字狱。

很著名的事例是"清风不识字，何故乱翻书"。书生在窗边光线、通风都好的地方读书，正所谓"十年寒窗"。线装书很薄，风一吹进窗就容易翻动书。这位书生就因此情景，写了这两句诗作为感想。有人就去告密，说"清风"指清朝，是暗指清朝是野蛮的，没有文化却去翻书。这就是当时的文字狱事例，"欲加之罪，何患无辞"？可见学海同样也是有风险的。

以上举例只是说明，凡是可以称为"海"的地方，都不会太平静的，最初是来自海上的风险。接下来讲海上的风险所包含的内容。大体构成海难的基本内容有两类：天灾和人祸。具体来说，就是风、礁、鱼、盗，这四种就是当时海上经常碰到的灾难。前三种是天灾，最后一项是人祸。海盗是另外的问题，我们今天不专门讲，主要讲前三种由天灾构成的海难。

第一种天灾是风。风当然对人类有好有坏。比如清风对人是很好的，人喜欢清风拂面的感觉。但还有暴风、台风和飓风，威胁非常大。碰到暴风时，船如果没有办法避开，人在船上一定要采取措施。平常乘风破浪的风帆，立刻就要放下来，要不然暴风一扫，整条船就要翻。但帆放下来还不行，暴风会横扫障碍物，船上的桅杆顶就是海上的障碍物。如果下了帆之后，安全都还不能保证，就只能做出更大的牺牲——砍掉桅杆。砍掉桅杆意味着准备让这条船自然漂流，没有桅杆就没有风帆，九死一生就摆在面前，但终归比船立刻翻沉有一线希望。到了下帆砍桅，遇到的风已经很大了。

正是因为海上这样的情况，当时的海舶要出海的时候，船长就要祷告求神，念的祝文里面有两句话"暴风疾雨不相遇，暗礁沉石莫相逢"，大家一看就知道是为了避免风和礁的，他们非常害怕这两种天灾。

第二种天灾是礁。刚才讲在中国南海中有好多珊瑚礁，是珊瑚经过长时间钙化结成很硬、很锋利的石头，如果是圆圆的滑石，还不至于那么可怕，船身就算擦过还没有那么要紧。一撞上珊瑚礁，船就很容易漏水，甚至整条船散掉。前人为了防止这种问题，中国的船很早就设计了隔舱，如果船舱没有隔开，只要一处漏水，全船就会进水。隔开的话，一个舱进水，其他地方不会进水，船还能浮着。现在知道，泉州发现的宋代沉船是13舱，隔得比较细，其中第7舱专门装淡水的。这是关于礁的问题。

第三种天灾是鱼。海上很多大鱼，而且鱼性凶。大家很容易联想到的第一种是鲨鱼。历史上，中国的渔民大概跟鲨鱼打过很多交道，明代已经记载了有37种鲨鱼，说明当时对鲨鱼的情况已相当了解。其中有一种对船威胁很大的就是锯鲨。这种鲨鱼的背骨像一把锯，很锋利。鱼骨也很硬，像工具。背骨碰到船时，就像一把锯，一下就把船铲断了。北宋的《萍洲可谈》就记载了锯鲨对海船的威胁。

第二种威胁性的大鱼是鲸鱼。《马可波罗游记》第三卷里记载了这样的事情：船夜里航行时起浪花，有些鲸鱼离得远以为是有食物，就冲过来，这样一冲，船也就翻了。另外，鲸鱼吐出来的分泌物古代称"涎"，涎在海上形成一种很滑的条状带，船过不了。就像海上油污一定要清理，不只是污染海水的问题，还会影响船在海上航行。碰到鲸鱼涎也必须要化解，船才能够过去。根据《海药本草》，有一种叫作"诃黎勒子"的药，这个名称是音译的，是一种植物的果实，船一碰到鲸鱼涎，船上就必须把诃黎勒子抛下海，化解鲸的分泌物，才能够打开一个缺口，以便海舶通行。

为了对付常见的海难，船上有一些防护措施。

第一个措施是大船带小船。出海的时候，通常是大船带两只小船备用。一只称柴水船，在航行中解决燃料和饮料的问题。因为大船不容易找合适的港湾靠岸，小船就比较容易。如果缺柴烧，可以放小船到附近海岛找燃料。同时，那里有淡水，也可以用小船运回来，所以这种船就有这个专用的名称。另一种称八橹船，橹就是船桨，四人可摇八橹，跟现在划艇类似。放这种船下海，就是大船出事了，用八橹船可以逃生，那就是要在海上拼搏了，这么小的船，更加没有抗风能力，但聊胜于无，所以大船出海会带小船备用。

第二个措施是带兵器和铜锣。兵器可以打人，也可以打鱼。即使我们不讲海盗的问题，也可以用武器去抵抗鱼。铜锣可以吓人，也可以吓鱼，同时还有呼救的作用，距离很远的船或者岸上会有人知道。所以船上要带一定数量的武器和铜锣。但船一靠岸，宋元时期的规定，船上再放着武器官府是不放心的，要上交保管，下次出海再领回。中国自古以来没有私藏武器的传统，一直到现在还是管制很严的，家里搜出枪来是重罪。但是防身中国自然有一套，没有武器就靠功夫，用武术来防身。武器一般老百姓不能收藏，但海船有特殊需要，出海的时候允许带武器，返航即交回。

第三个措施是求神保佑。船上在后座设有神堂，朝夕都要进香。专门负责早晚进香的人称"香公"，可见船上分工是很细的。船上不只是有水手，水手当然很重要，但还有专门求神的香公，随船一块下海。这是在平常没有海难的时候，也希望不出事，天天要拜神。一旦起了风浪的时候，拜神的时候就要向海神求救，海上最著名的保护神是妈祖。

讲到妈祖，我们也可以做进一步探讨。妈祖崇拜现在很流行，比如在东南沿海地区。妈祖本是福建莆田人，是林家第六个女儿，她未婚已死，死后升天成为神，负责保佑海船。妈祖本来是少女，但是由于妈祖在人们心目中成为海上保护神，从宋代开始，历代都给妈祖封号：宋代封为"夫人"，明代封为"妃"，清代封为"后"。随着历史的演变，她从没有结婚变成已婚了，因为未婚不会称夫人、妃、后。另外，她由少变老，越封越老，最终成"后"。所以从妈祖的形象我们可以看到人在造神的一个方面，按照需要由少变老。又"妈"又"祖"再加上"娘娘"，这个是妈祖的情况。上一次讲的观音菩萨，是由男变女。还有一个情况是由少变多，就是罗汉，在印度是十六罗汉，到中国加多两名，变十八罗汉，后来加得更多，变成五百罗汉。为什么会出现这种情况呢？这三个例子都说明人在造神，否则神不会这样变。

求神保佑，不只是在海这个场合，这是人的普遍心理。人类是群居的，害怕有孤独感。人不能单独存在，《鲁滨孙漂流记》不过是神话、科幻文学作品。人一旦意识到自己处于孤独，就会找身外的力量依赖，神、佛就往往成为其依赖的对象。一旦感到有了支持，就产生了安全感和依赖感。这些心理活动的层次，希望大家要注意一下。为什么不能够孤独，因为怕孤独就找东西依赖，一旦找到依赖，觉得安全了，就产生了安全感。

我们对海上活动，不要只看到他们在迎风击浪，他们在互通有无，也要注意到出海人的心理活动。换句话说，就是要注意海上保护神产生的根源。这个神是怎么来的，神本身又会再变化。

有关这些问题，我们没有办法很仔细地讲，要注意的是，海洋史不只是有造船技术的问题，这个不在话下，没有船就下不了海。船造好了以后,又要有航海技术,如何熟悉水路、知道天气变化,这些都是海洋史必须提到的。但是同时不要忘记,海洋史里面还有人类学的问题。刚才我们讲的海难救护,就是人类学的问题之一。其他的还有很多问题,这里不详细展开,但可以提一提,大家有兴趣的话可以思考探讨。

一个是出海淡水供应的问题。古人如何解决?单带水上船还不行,时间一长水会变质,活水才不会变质,死水就不同。有了淡水,还得解决保鲜的问题,要不然有水也没有用。

还有海上航行产生疾病的问题。长期海上航行,按照唐宋时代的路程,从广州到波斯湾要3个月左右,在海上航行常常容易缺乏蔬菜、水果,这两样东西上船能带的数量很少,也无法及时补充。因为水果放久也会变干,蔬菜容易变枯,所以没有办法在广州出海的时候,就装了很多水果蔬菜,带上去也没有用,最后不能吃只能当燃料。但如果在海上航行,长期没有蔬菜和水果吃的话,就容易得坏血病。坏血病发的时候,会出现全身浮肿、溃疡、牙龈肿胀出血的症状,没有办法吃东西。后来经过科学研究,发现坏血病是因为缺乏维生素C,而维C在蔬菜和水果里含量高。在近代以前,这个问题很严重,后来西方解决了这个问题。一个办法是发明罐头食品,做水果、蔬菜罐头,另一个是后来西方的医学家发现了维生素C,提炼以后做成药片,吃一点就可以解决这个问题。以上是讲海上疾病防护的问题,一直到18、19世纪,以坏血病为主的航海疾病威胁还都很大。

海上的通信怎么解决?过去没有通信工具。现在唯一知道的一种方法是放鸽子。鸽子只会从海上飞回去,而不会有陆地上放鸽子来追船。出海的人把鸽子带上船,放鸽子回去报信。例如过了马六甲海峡,进入了印度洋,就放只鸽子回去报信。但船还要从马六甲海峡航行到波斯湾,不会有人放一只鸽子去波斯湾等你,这种通信很受限制,不过能够这样做已经了不起了,要不船航行出海就不知道情况了,因为古代通信设备很落后,就靠带口信,实际上就是请人家传话。

大家可以联系一下,现代通信技术很先进,但是人类的感情,按我看是粗糙化了。为什么叫粗糙化呢?亲人外出,不会牵肠挂肚了,现在就没有了,因为随时可以联系。古人把感情拉得很细,才会牵肠挂肚。有首唐诗《游子吟》就是典型例子:"慈母手中线,游子身上衣。临行密密缝,意恐迟迟归。"过去的服装,都是手工缝制的,前面两句描写老母亲给远行的儿子做衣服。后两句描写心情。儿子要走了,心情肯定是很急的,巴不得母亲的衣服赶快做好,"密密缝"妈妈的手指动得很快,心里仍担忧儿子迟迟不归来。"密密""迟迟"这种感情的对比很鲜明。

现在通信设备好了,不说古代,几十年前,还是要靠航空信,从美国寄回来等 10 天左右,这 10 天就牵肠挂肚了,有各种猜想,感情拉长了,然后就拉细了,即所谓的情长。现在就不同了,到机场打一次电话,到达了打一次,哪里有肠可牵,有肚可挂呢?现代化之后,在人际关系、人的感情生活这方面,引起了很大的变化,现在才刚刚开始。

香港比内地更加现代化。内地的快速发展,是最近十几二十年的事情。学习的问题也是这样。过去要手抄,抄一遍比读三遍记得牢。现在复印了,不用辛苦抄了,这样就不容易深入。我们现在不是讲要退回去,是说要在前进的时候要注意出现新的问题、新的矛盾。复印很容易,但导致人不太记东西了,也不必怎么动笔。新的技术出现之后,人在精神上要防止退化,这个问题最重要。不要因为现在通信方便,人情变得淡薄,那就不好,好多家长担心的是这个问题。另外一个变化是邻里关系的变化。由于住房结构发生变化,现在高楼大厦,家家铁门,没有鸡犬相闻了,邻里之间不相往来。现在大家都住"鸟笼",也就是公寓,虽然有编号,那只是门牌。由于技术上的问题,一般来说邻里的联系很密切,只要把楼下的总开关关掉,整栋楼就都黑了,但是人心理的距离、感情的距离越来越远,这些都是人类的新问题。旅游方便了,回家探亲也方便了,生活的方便,造成了感情心理的距离和隔阂,一定要注意这个问题。我是讲到海上航行的时候,有技术问题,顺便讲到也有心理的问题,要不是怎么会有海神。假如航行没有碰到风险,就不会出现海神,是为了防护海难的需要,产生一种依赖感,希望有一种安全感,然后才出现这一种崇拜,不要反过来。

上面讲的这一类问题,好多都还没有进行深入的探讨。刚才讲的海难救护的也是粗线条地介绍一下情况,至于淡水供应,疾病防治,我只是提了一下问题,也没有做多少说明。我想说明的是海洋史里面有人类学和心理学的问题,像这类的问题,时至今日都还是一个谜,还没有彻底揭开。

研究历史问题的时候,不管是陆地旅行抑或海洋航行,一定要以人为本,研究什么历史问题都归结为人的问题,那样人听起来才有兴趣。历史就是人史,如果没有人的历史,人也就没有兴趣了。大家也没有很多人专门吃历史饭的，从事历史专业，但平时都会接触到一些历史，一旦接触，希望大家要把历史归结为人的问题，这样就不会眼花缭乱。

今天讲的问题口径很小，海难的防护。人总是这样的，要碰到困难才会想办法，要不是就不会进步。所以我们平常讲，尤其是在座的学生朋友，我们平常提倡从难从严，一定要找难的东西，才会想办法。容易的东西很现成，难也就是"难"，一个二声，一个四声，一个是困难，一个是海难，读音不同，但是同一个字。由于碰到困难，由于碰到灾难，所以人类才去想办法，所以要使得自己办法比较多，一定要从难，老是碰到难题，点子才多。另一个要提倡的是"严"，是"严密"，而不是"严厉"，板着脸对人；不要松松垮垮，漏洞百出，只有严密才能够成事。平时要注意从难从严要求自己，对自己有约束，会有很大的好处的；反过来从易从宽不能成才。易宽的路很多人可以走，就像赶鸭子，哪里会成才，就是只能随大流。

另外，有一个问题我再补充讲一下。航海是积累了很多实践经验的，很多水手、舵手等文化程度都不高；现在留下的民间抄本《水路簿》，提供了很多航海知识，记录下风险出在哪里，指出哪里有暗礁；当然图画得非常草，这些经验是用生命为代价换回来的。这种《水路簿》在福建和广东都有发现。

还有一件事情，中国尽管航海技术很高，但根本上还是农业民族，不是航海、游牧民族。农字前面还要加"神"字，叫作"神农"。世世代代种地为生，农业文明发展的水平非常高，比如大家都知道丝是中国发明的，丝是蚕吐出来的，如何养蚕产丝，里面有很多技术问题。有一次我查看丝蚕技术方面的资料，发现简直是惊人的：古人怎么那么厉害！后来我自己认为，古人与今人的智商一样高，只不过他们没有我们的社会条件、技术条件。就像蚕什么时候吐丝？如何判断蚕病了？蚕有病时就不会吐丝，古人可以辨认蚕病，他居然观察到这么细致：如果病了，蚕的头部会先发亮光，比身上别的地方亮，那就是病变了；然后蚕身变黄了，黄就不是好事，就像人脸色发黄一样；还有蚕的体型发生变化，头大尾尖。这三种变化，这是经过长期细致地观察才能得到的认识。

还有蚕是"作茧自缚"。丝不是乱吐，吐成跟蛋壳一样，然后把自己包在里面。有一种蚕也吐丝，但造不了茧，吐出来的丝是散开的，如果判断它的性质，古人说这种蚕不是懒蚕，而是蠢蚕，它不知道该怎么吐丝。

还有蚕是产卵的，今年下的蚕卵要如何保护，明年才会变成蚕出来，也有一系列的问题，这还只是在蚕的阶段，还没有进入丝。像这一类的事情，我总是觉得，现在我们一些研究做得不太周密，不够过程化。

又比如说，蚕自然吐出来的丝，叫"忽"，单独一条不能成事，得合并黏在一块变粗一点，才好进入缫丝、纺丝的阶段，单条太细就容易断。所以蚕吐出来那条自然的纤维，就叫"一忽"，"五忽"就成为"一系"，合并"二系"才称丝，所以丝是这么来的。可以进入纺织阶段的丝是"十忽"，也就是10条蚕吐出来的自然丝黏合而成。像这种技术问题，已经高度发展。

退回两千年，我们在世界的前沿。由于是这样，养蚕这种技术是要保密的，不会轻易教人，而且也不容易学。上回我讲因为中国丝绸很宝贵，所以才有那个传说，把蚕卵放手杖里、帽子里的带出境，这样的传说是不可靠的。如果不懂别的技术，偷带几条蚕放手杖里带出境有什么用。因为技术问题是一系列的、连锁的，孤立地学一点无济于事。传说的意义说明，中国的蚕丝不容易出口，不要相信传说的真实性，这样才能更容易理顺这个关系，否则容易想入非非。我看到有一些人总是以公主嫁到于阗，把蚕卵放帽中，然后那里就懂蚕织技术了；拜占庭传教士手杖里带蚕种回国，这两个事例来说明丝的历史，我是不以为然的。一系列技术问题都没有解决，就像从核原料到原子弹的距离。对于传说我们要做客观地判断和分析。

问：中国是农业为主，为什么唐代造船的事业很兴盛，但往后的时代又没有了？

答：问题很好。中国航海以及海外贸易，历史悠久。汉代就有，唐代相当兴盛，但是更厉害是宋代到明代这个阶段。研究这个问题，牵涉的东西很多，包括中国的社会结构，中国的自然地理位置，甚至中国的气候、人文等。最盛的一次是15世纪初郑和下西洋，几万人下海、几十条大船，这种浩浩荡荡全世界都没有，但7次以后就收兵了。所以人家讲，前无古人后无来者，没有引起如西方地理大发现的那种震动。虽然郑和率领几万人下海，也是走了我们刚才说的那条路，不过不是从广州出发，船队是从南京出发的，开到波斯湾。现在的研究指出，中国的海商没有得到政权的支持，相反还会受到迫害，因为以农立国，如果都下海，谁来种地？所以要让农民老老实实种地，不要鼓励下海，下海要被迫害。最严厉的时候称"禁海"或者"海禁"。西方是鼓励大家下海，像葡萄牙王子就大力地鼓励航海，我们则是禁海。所以说农业民族要走向海洋确实不容易，但是并不排斥务农之外，有渔业，有航海。所谓靠山吃山，靠海吃海。

西方有历史学家讲过一句调皮的话："郑和下西洋的意义，还不如郑和退出西洋的意义大。"也就是说，郑和下西洋看不出在历史上留下什么影响。但是郑和不再下西洋的时候，看起来后果就很严重。海一禁，关就闭，但那时候的人一点都不怕，很自豪，说我们这里什么都有，"地大物博"这四个字变成中国人的精神负担，什么都有，不用到海外去，容易满足现状。世世代代在这里已经很好，为何还得动，还得变？农业民族没有游牧民族、航海民族那么敢动敢变，比较守成，制度也好法律也好，祖宗之法不可改，就像上回讲的元法规定抬刑打107下，是因为祖宗定的。所有这些问题，应该说农业曾经在历史上起了非常重要的作用，没有农业，人也不能生存；但是农业是人面对着土地，要在那里定居、要结成地方关系、宗族关系，一般来讲比较守成。所以中国有航海技术，但是航海事业一直不景气，这是一个很大的反差。中国有很多很好的商品，有商品进入世界市场，但没有控制世界市场，跟英国就大不一样，他们控制世界市场很厉害的。

所以刚才你的问题很好，究竟哪一样为主，是农为主，根子在农，农也在各方面都打下烙印。关于农业立国，农业民族跟整个物质文化、精神文化有什么关系值得思考，因为那条根一直通到今天，不是说在五百年前就断了。五百年后的我们另外长出一条根来,连风俗习惯都不一样。因为是农业民族,比如说葬要土葬,村边的山坡变成墓地;火葬的习俗不是原来农业民族的。纪年,就是对年的计算,十二生肖等,都跟农业民族有关。

最后我想再讲几句。我们现在提倡跨学科、多学科,不要死死守住某个学科的边界,那样不利于认识的提高。人文科学的前面有社会科学,再前面还有自然科学;文史哲属于人文科学,要与社会、自然科学相联系;而且一旦涉及其他领域,如果能够从其他的角度来对问题进行探讨,就会更深入。

好像这个海难防护,如果涉及技术部分,我认为从海洋大学找老师来讲一定比我讲得清楚,因为是搞那一行的。但是我们现在关注的是不同领域的关系,里面有医学、神话学、经济学、地理学等学科,不要局限于一个学科进行探讨,是要在网络中探讨一个学科。多学科、跨学科的关系就像网络。

这几句话属于共勉,我自己还没有做到。谢谢大家!

清代广州行商的西洋观

(2007 年 11 月 15 日下午)

我们首先讲讲什么是行商。通常广州行商称为十三行商人,这个数字是怎么来的呢?其实是继承了明代十三个行牙的名称,牙行就是经纪行,清代有一批商人重新从事中外经济贸易活动,继续沿用此名。"十三"不一定就是 13 个商行,在 1798 年"十三行"有 8 家,1805 年有 11 家等,但仍然称十三行。

十三行这个名称,出现于文献甚至在诗歌里。有两首清代的诗,一首叫作《番行篇》,里面有这么两句:"广州舶市十三行,雁翅排城蜂缀房。"这是讲十三行的景观:房子一间间接连盖成一排,就像天上成列飞行的雁子,也像蜜蜂的蜂房;另一首叫作《十三行》,里面有这么两句:"粤东十三家洋行,家家金珠论斗量。"这是讲十三行的财富,意思是十三行里面每一家都拥有大量的财富,拥有的金和珠可以用斗来衡量。诗是这么形容的,但是财富的拥有实际上是不平衡的。十三行里有财力雄厚的,也有不那么雄厚的,甚至有一些后来破产了。

破产又是什么原因呢?十三行行商所处的位置是这样的:一头是官,就是清政府。实际上是三级管理制,最高是两广总督,然后是广东巡抚,再是粤海关监督。另一头是洋人,那时候叫"夷"。十三行的商人像夹心饼干一样，被夹在官夷中间，很容易出事。因为官知道商手里有钱，经常要来"拔毛"，商为了适应官的需要，假如拿得出来，当然就拿出来，拿不出来时怎么办呢？官府是不能得罪的，就找洋人借。现在留下来的十三行行商与洋人的通信中，经常留下"味氏某某某借钱"，"味氏"是照广东话译的，也就是英语"MR."，如果用普通话去念就不得其解。也就是说，行商找夷商借钱对付官。借钱是得还的，数目越来越大的时候就还不起了；洋人也不是好欺负的，就往官府去控告，官要维持面子就来侦办，就是这样的恶性循环。一旦到了需要侦办的时候，债务数量总是很大的，有几十万两甚至一两百万两之多。

在付不起的情况下，行商只能够破产，债务解决的方式以及破产的后果是这样的：由十三行众商人凑钱还债，他们需要分摊责任；破产的本人就得处分，从广州贬到新疆的伊犁。我们现在到伊犁都还没有那么方便的，更可以想象清代路上的艰辛。但是，总归商人是商人，也不会像我们想象的那么惨，不用戴着镣铐上路，有些行商只是还不起债务，基本生活是可以保障的，烂船还有几斤钉，有些还带着仆人甚至小老婆上路，众行商还会送一点钱给他们做路费。关于捐钱给某个破产行商去伊犁，有些材料保存在国外的博物馆，我一直想要跟进破产行商到伊犁后的状况和命运，始终没有找到材料，诸位朋友如果知道，希望也告诉我们，大家也开开眼界。

这就是十三行行商的处境，我们要注意他处在一个夹心的位置，容易发财，也容易破产，处境很艰难。

十三行行商是由政府授予特权，要经过政府批准，拥有这种身份与特权的人就叫作行商。别人不能因为看到与洋人做生意可以谋利，也来插手对外贸易。行商当然也要有头领，叫作"总商"。当时行商跟外国商人的关系主要是这样，外国船来到广州，载来的货要贩卖，然后要购买回头货。这种贸易活动，洋人不能自己在广州街头进行，清政府是绝对禁止的。而是外国船靠黄埔之后，要赶紧在十三行商人中找保商，也就是担保人，保商代其销货、纳税，也代买回航的货物，从中收取佣金，所以行商也变成经纪人的角色。

当时出口最大宗的货物主要有三种：丝、瓷、茶。主要的商品结构就是如此，即湖丝、粤缎、瓯茶、饶瓷，这八个字涉及四个地方。湖丝就是江苏太湖的丝，太湖沿岸的丝是最好的。粤缎是广州和珠江三角洲织的缎，也很有名。缎是将原丝先染后织，织到一定数量就采用刮的技术，把丝织品刮亮，因此所有的粤缎都是亮的。瓯指的是福建建瓯，饶是江西的饶州。太湖丝、广州缎、福建茶、江西瓷，大概这些就是最重要的外销产品，现在的研究者会在丝、瓷、茶这三种商品前面冠以"外销"二字。

十三行行商因为有特殊性，跟一般商人不一样，因此有特别的商业习惯。其中一个很突出的商业习惯，就是除了有行名、本名以外，还有商名。举例来说，18世纪末到19世纪初十三行总商本名叫潘有度（1755—1820），行名是同文行，商名是潘启官二世。因为他父亲叫潘启，称一世。潘有度接了他父亲的班，所以称二世。问题在于"官"这个字，为什么他要称"官"？商人称为"官"，这种称谓是有意思的，本来商是商，官是官，商海与宦海也是不同的。那为什么商要称官呢？

因为从宋代以后,市井之人喜欢提升自己的身份,中国古代重农轻商,做生意是被看不起的,想要提升自己的身份,那提升成什么最体面呢?官是体面的。中国是官本位的社会,甚至家庭生活中也要打上这个烙印。大家看古典戏剧会发现,老婆称丈夫为"官人",这么称呼就是为了体面,虽然丈夫可能跟官离很远,但总是有个盼头。做商人更需要这种体面,而且不只是个称谓,还用钱买官。十三行很多行商用钱买官,当然那是个虚衔。古代职和衔是不一样的,不过现代汉语把它们黏在一块了。本来职是职,是位子,可以坐在那里办事指挥的;衔就没有,只是一个头衔,那时候买的只是官衔,没有实际官职。希望大家注意到十三行行商的这个特点,有本名、行名、商名;英文里面都是照商名来称呼,因为他们跟洋人打交道都作为商人,例如潘启官二世。

介绍了基本情况以后,接着讲这个题目的重点内容:广州的行商对于西洋有什么看法?在行商心目中,"西方"究竟是怎么一回事?也就是讲西洋观。

潘有度留下了诗作《西洋杂咏》20首,从诗题材的侧重点,我们可以知道这个时期行商西洋观的重点。我们看一下哪一方面的数量多?我把他的诗分成6类:商业习惯2首、宗教信仰2首、生活风尚9首(讲洋人生活以及习惯)、婚丧礼俗3首、科学技术3首、外洋战争1首。生活风尚加上婚丧礼俗就占了12首,可见过半的内容是讲风土人情的;因此《西洋杂咏》中的西洋观,实际上是谈风土人情。这跟现代人关注点是不同的:现在谈外国观,一定首先重视的是其经济制度和政治制度。有关风土人情的记述和吟咏中,潘有度作为一个有中国传统文化背景的行商，他看西洋事物、西洋风俗后，做出了什么评论，这是我们要重点说明的。

第一，是对洋人婚姻自主和一夫一妻制的看法。① 潘有度自己妻妾成群自然不在话下，他跟他的贸易伙伴洋商一对比，就发现了很大的文化差异。问起洋商家里面有多少个太太，洋商就觉得很奇怪，怎么会这么问，太太不是只有一个吗？他们是一夫一妻制。这一点，潘有度觉得很惊讶。另外，洋人的婚姻是自主的，潘有度他自己则肯定是父母主婚。未婚夫妻没有见过面，要等到正式结婚的时候才认识，这在当时中国人看来是很正常的。但是洋人则完全并非如此，潘有度觉得他们的婚姻是自己选的，不是父母来安排的，这点也很不一样。

潘有度的诗讲到此处，不禁感慨洋人"犹知举案与齐眉"。按"举案齐眉"这个典故众所周知，主人公是梁鸿与孟光。"案"现在是作桌子解，过去这是个疑问，假如把"案"字解释为桌子，太太托着一个桌子，而且还齐眉，控制得那么好，手顶得住吗？简直不可思议。"案"到底是什么东西？后来出土文物解决了这个问题，实际上是个有四条腿的托盘，所以可以托得起，就像现在吃快餐用的餐盘。这样的描写，后来成了成语典故，是中国最有示范性的一个婚例，也是中国传统婚姻生活的样板，用来形容夫妻很和谐。

《红楼梦》中贾宝玉、林黛玉虽然还没有结婚，算命的已经算准了，说两个人是金玉良缘，一个叫玉，一个叫宝。贾宝

---

① 潘有度《西洋杂咏》（三）：缱绻闺闱只一妻，犹知举案与齐眉。婚姻自择无媒妁，同忤天堂佛国西。

玉是男的，心比较急，跟林黛玉接触时就露了一句话"是几时梁鸿接了孟光案"。就说等到什么时候，梁鸿才能够接受孟光举上来的案。林一听就很恼火，说你要强加于人，说我们还没有到那个层次，你自己就已经打好算盘了。

潘有度在诗里提到这个典故，意思是说洋人的太太是自己找的，只有一妻，但婚姻生活也过得很和谐。实际上要注意一个问题，我们一直会讲在中国社会里男女不平等，但又出了举案齐眉，所以，和谐不代表平等，这是一种协调。比如说劳资关系，它里面不平等，但是在正常的情况下，只要是协调的，那也是和谐的。夫妻关系也是这样，不要把平等与协调两者混为一谈。关于洋人的婚姻生活，潘有度就做了这样的评论。

第二，也是社会风俗方面的，是对于洋人决斗的议论，潘有度颇感奇特。在17、18世纪，欧洲的决斗风气，甚为兴盛，很多小说都有描写。欧洲的决斗是由中世纪骑士风度演变为绅士风度，跟中国"路见不平拔刀相助"不一样，这是大家明白的。但潘有度却写下了这样的诗句"拚将性命赌输赢，两怒由来大祸成。对面一声枪并发，深仇消释大轻生"。他把决斗看作"赌命"，以公证人的信号为准，双方同时开枪，谁中枪谁倒霉。中国从来没有这样的行为，其实欧洲的决斗可不是普通的赌命，跟中国不一样。另外，对决斗中死去的一方他也觉得惋惜，说这是"轻生"。其实洋人不是轻生，是看得重才会那么干的。

第三，是科学技术方面的。当时洋人运了不少望远镜来广州，潘有度与洋人做生意，也就有机会接触到望远镜。① 那时的望远镜比较落后，还不够精密，由两截长镜管构成。仪器来说，越精密就越小，就像手机从热水瓶大小变到可以放进口袋。早期来的望远镜也是那样。按中国人的观念，要用望远镜看什么呢？当然是月亮，巴不得要解开月亮里嫦娥和广寒宫的秘密，这些神话故事从小就在中国人心中留下很深的印象。当潘有度也带着这个问题用望远镜去看月亮的时候，他当然没有看到广寒宫，只是看到一片朦胧。所以他只能这么写："朦胧夜半炊烟起，可是人家住广寒？"他就在诗中发出疑问，广寒宫上是不是也有人家？

在更早以前，明末清初的时候，西洋千里镜才输入中国不久，有一个著名剧作家李渔，他的短篇小说集《十二楼》就描写了这样一个有趣的故事：说的是望远镜进中国后的妙用。中国男女没有很多面对面接触的机会，过去很麻烦，双方都处在不知情的状态，见面的时候已经生米煮成熟饭。望远镜进中国后，就被用来找媳妇。有人想物色街那一头的一位姑娘做对象，那就站在高处，用望远镜一望，就可以先作出判断。这是李渔小说里面描写的，实际生活中有没有存在这样，我们并不关注。是否这样做，不重要，我们只是要知道居然中国人有这样的观念：引进了西方新工具，可以有这样的妙用——为找对象服务。

---

① 潘有度《西洋杂咏》（十二）：万顷琉璃玉宇宽，镜澄千里幻中看。朦胧夜半炊烟起，可是人家住广寒？

第四，是契约精神方面的。洋人做生意，很重视契约。①签订合同之后，谁破坏合同，就要承担后果。潘有度很赞赏这样的契约精神，认为这是商场上值得提倡的精神。问题是他如何理解认识这种精神，他是按照儒家的理念来理解契约精神的。所以《西洋杂咏》中提到"忠信论交第一关"，做生意最重要的一步是忠和信。这样的观念是中国儒家才有的，洋人讲的是契约精神。

从上面这四个方面看，潘有度所写的《西洋杂咏》，表现了他对西洋事物的观察与看法，包含了文化上的误读。文化误读在中西交流的早期很容易发生，因为西方文化是外来文化，本土没有的。第一次接触外来文化，就要用他自己熟悉的文化去解释，一解释就产生错误，但他还认为该这么理解，那就叫作误读，这种误读在那时候具有普遍性。

中国与外来文化接触有两次高潮，一次是跟西域文化的接触，主要是印度和中亚；一次是西洋文化的接触。因为都有"西"字，清朝人称为"二西"。不管西域也好，西洋也好，都是外来文化，一个发生在古代，一个发生在近代。中古时代发生的文化接触，是把佛家学说跟儒家学说做比较与附会的解释。天主教在明代后期传入中国时，也作了比较与附会。这种文化现象称为"格义"，从对比、附会、推测中求得其义，要不然是不得其意的，即用熟悉的事物跟生疏的事物进行比较、推断，从而得到认识。一直到现在，这种情况很多，包括一些

---

① 潘有度《西洋杂咏》（一）：忠信论交第一关，万缗千镒尽奢悭。聊知然诺如山重，太古纯风羡百蛮。

舶来品的译名。因此，潘有度的西洋观就有其历史特征、时代特色，用我们熟悉的成语来表达的话，以潘有度为代表的广州行商西洋观可以归纳为三个成语。

第一个是"望洋兴叹"。他没有去过西洋，是通过在本地听和看，看的主要是广州和澳门的洋商，主要是葡萄牙人、英国人和荷兰人等的生活习惯，并不是他到欧洲实地考察之后的评论。所以他所写的，浮光掠影不在话下，认识停留在表面。除了这样，还常常会把西洋文化看作是异类。

第二个是"以夏释夷"。一旦要对西洋文化进行解释的话，就需要用中国的传统观念去解释。比如刚才提到的婚姻制度就是突出的例子。因为中国人会带着自己的文化传统去接触西方事物，有时候说洋人戴着有色眼镜看中国，实际上我们也是戴着有色眼镜看外国的。因为存在这个情况，有些时候就会做出一些很牛硬的解答，不只是精英文化，民间文化也存在这个问题。

华人漂洋过海出国之后，还带着传统文化的优越感。翻译也是很好的例子，从两个地名的翻译，我们就可以看出。中国人尤其是广东人，最早到美国西部，就把旧金山（San Francisco）翻译成"三藩市"，意为三个藩属的城市。藩属对应的是宗主，也就是说那里是藩属地，观念上我们本国还是宗主。后来叫旧金山，是因为开矿的问题。孙中山家族去的地方叫夏威夷（Hawaii）：我们是"夏"，该地是"夷"，我们比夷人威风。但如果照普通话来译的话，就不能那么译，用广州话译就刚好，这种是属于民间文化的，不是精英文化。那时只要家庭还过得去，没有人愿意漂洋过海去旧金山、夏威夷谋生。

第三个是"重器轻道"。"器"是物质文明,"道"是精神文明,中国接受外来文明是"一手硬一手软",不是一碗水端平的。历来中国是"重器轻道",愿意接受"器",但是排斥"道"。物质文化可以吸收,精神文化要排斥,或者至少要进行挑选。中国人对待西域文化是这样,对待西洋文化也是这样。

比如说技术方面的问题,比较容易接受,但是科学观念、哲学思想这些就不以为然。西方历法算得更准,是可以拿来用的;西方地图画得更精密,可以学绘图法。但是你讲地球与宇宙的关系,中国自然是有自己一套的。

一直到了近代,"五四运动"也是遇到这样的问题。"器"是科学,"道"是民主。"器"大家都是欢迎的,连军阀也用钱去欧洲买武器,如果不重视就不会去买。洋楼也是谁都想要住的,因为住得舒服。在生活享受方面,西方是跑在我们前面的。我们到故宫看文物,皇帝坐那张椅子其实没有多舒服,好像还没有现在我坐的这张舒服。龙椅坐起来很硬,路易十四坐的椅子肯定比康熙坐得要舒服,大家可以去比一比。引进西方的器物,的确带来很好的舒适性。我们现在讲明式家具做得很美,说的是工艺,并不是说坐起来的感觉。

因此,在这些问题上不要误会,"器"这个问题,中国态度上是敞开的,但是精神文化"道",这一关就把得很紧。这是研究中外文化关系中一个非常重要的问题,假如没有把这两者分开,泛泛而谈,那就要撞板。一定要记住,古今器道的关系,里面有紧有松,有重有轻。认识这一点,对我们今天都还有意义。

1. 问：您刚才讲中国"重器轻道",那为什么佛教在中国一直能够流传？

答：你提到佛教这个问题很好,也是很重要的。佛教进入中国以后,经历了很长的过程,现在的佛教应叫中国佛教,而不是在中国的印度佛教,这一点特别要紧。佛教经过中国化以后,已经变成中国文化的一个组成部分。因此,研究佛教史是分开印度佛教和中国佛教的,中国佛教有自己的一套,华化得非常厉害。荷兰有位学者写了一本书《佛教征服中国》,后来有人讲,其实是"中国征服佛教"。因为已经变得"面目全非"了。

用"面目全非"这四个字形容,是很合适的。因为佛的面目已经从印度人变为了中国人。你们看印度的塑像、浮雕、壁画,佛像是瘦的,有的甚至看得到肋骨。来到中国以后,北魏就开始丰满起来了,隋唐就胖得很好看了。宋元时期照样脸是圆的,但我个人感觉看起来比较笨。隋唐的佛虽然是胖的,但是比较精神,宋元时代的佛并没有变瘦,但是神态变得比较笨。这个是佛的面貌。另外,僧徒的关系打上很深的烙印,这个烙印是中国家本位的烙印。师傅徒弟称子称孙,佛教讲的法传,"这个是我的法侄",就是亲属称谓前加了"法"字,僧团内部的关系也打上了家本位烙印。还有在教育方面的问题,对祖先和父母的态度。"孝"字融进了中国佛学。假如没有这条是不行的,中国人的孝道很要紧,中国是敬老的社会。为什么敬老？因为每个人都会老,都希望老的时候被别人尊敬。孝的问题很重要,也融进佛教的理念去。

还有一个非常重要的,后来代表中国佛教的禅。因为佛教传进来时是崇拜外物的，例如挂件或者摆件的佛像，都是求保佑的。禅宗就不一样，显得很高明：佛不在我身外，而是在我心中。禅宗很重要的要求是不断地净化自己的心灵：原来好好的一颗心，因为心受到的污染，自己洗干净后，要有修养，把各种污染的慢慢洗到干净，佛性就出来了，不用外求。既然是这样，就不拘泥于礼节和教条。喝酒、吃肉是真的，因为那些是次要的，最重要的是心的问题。因此，净化心灵是禅宗一个核心，禅宗又称"佛心宗"或"心宗"。佛教在西域经历了很长的过程，已经高度的中国化。

西洋的天主教来华情况就不太相同。罗马教廷派教士到中国来，是要来"化"中国，而不是中国化。原来他们希望是能够让几亿人口皈依天主，来到中国后发现不可能。因为中国的思想体系已经很牢固，而且中国又不是小国，不是城邦组成的国家，而是中央集权国家，皇帝坐在北京，管着巨大的疆域。因此，天主教传教士来华之后，就要迁就中国文化，这主要是利玛窦定的策略。

本来信天主后就不能拜祖先，不能拜孔子，但如果这两条不让步，就动到中国人的根，中国历来崇敬的顺序是摆好的：天地君亲师。这里面有虚有实，"天地君"而言是虚的，实际上老百姓的一句话就看穿了："天高皇帝远。"剩下"一亲一师"，才是要紧的。拜孔子就是拜至圣先师，拜祖先就是拜自己已经过世的亲属。假如这两条都不用拜，那么中国人的精神支柱就没有了。洋教一来，就要打断中国人的精神支柱，是不可能的。所以到了清初，康熙明确讲，如果照利玛窦规矩，传教士就可以留下，如果按照罗马教皇最新的指示，就给我回去。他的态度非常明确,就是要维护这种秩序,不然中国传统社会就要动摇。

2. 问:您说禅心是佛心,佛在自己心中,这与孟子说的性本善就是回归人的本性是不是有点类似?

答:因为中国的性善说,是把善看作是天生的、自然的,就是说人一生下来,心就是好的,后来混迹人世才慢慢学坏。所谓"人之初,性本善",那"初"到什么时候呢?离开娘胎的时候性是善的。在中国是把这看成一种天生的状态、自然的状态。佛教的看法就不是这样,人来到人世,处在红尘之中,用现代的话来说就是心灵受到污染,要靠什么办法来洗呢?又是谁来洗呢?洗心灵不像皮肤那样容易洗,心灵受到污染,只能靠他自己意识到什么是善恶良歹,然后不断地行善、修养、锻炼。这是一个终生的事情。没有人20岁学禅,然后到40岁就宣布已经有佛心了。谁也不敢这样讲的。

宗教信仰对人是很有约束力,有了信仰以后,就不是完成阶段性的任务,而是终生的。所以你刚才讲到佛和儒在"心"问题上的差别,一个是指出一个自然状态、天生状态,一个是要不断地下功夫、进行修炼。这个仅供参考,虽然说是讲座,我们实际上是在讨论,既然是这样,有一些我是有"台词"的,我写好在本子上的,另外有一些没有准备的,我说的是"顺口溜",说一说大体上的意思,准确性有些就不如写在纸上的,但是交换意见是没有问题的。

3. 问:十三行的行商在鸦片战争后他们做什么?

答：他们还是走熟悉的路，还是在做生意。不过后来有的地点转移了，有些不一定死守在广州，转移到了香港或其他地方，这是一种情况。这个问题很有意义，因为跟其他商帮比较，行商后来演变的情况并不是很清楚，尤其是跟山西的晋商比较起来，有明显的区别。晋商后来转移到金融业发展，取得了很大的成功。最早晋商搞中俄贸易，跟俄国人在外蒙古做生意；后来他们的资金转移到金融，办起钱庄，后来出现票号，情况是清楚的。但是广州行商在十三行收档以后，究竟情况怎么样？因为西方人是主张搞自由贸易的，来到中国受到限制，《南京条约》签订以后就规定，以后贸易不再是由政府指定商人，取消了之前的垄断组织。谁都可以找外国商人做贸易，要不是这样跟自由贸易的立场就有很大的抵触。

十三行商人到19世纪中期开头的一段时间，经营情况还是比较好，大概是1842—1856年。第二次鸦片战争后情况就变差了，后来我们知道行商的资金外流，一个去向是海外，一个去向是上海。广州本土没有看到形成财团。要不然十三行的后代，按理应该出几个响当当的，但事实上却没有。

4. 问：可以再讲讲《西洋杂咏》的内容吗？因为刚才说得比较快，能不能再说一次商业方面的占了多少首？

答：《西洋杂咏》一共20首，讲商业习惯的不多，才2首，但是很注意契约。提到签订契约之后就不能反悔，要承担破坏合同的责任，洋人很重视这方面。中国人总是觉得这种事情只能够接受一定的程度。照"忠信"办事，这是可以接受的，但是一旦涉及亲属关系，他总是认为觉得洋人那一套太刻薄、太没有人情味。在我看来，中国的商业传统缺乏这种意识，容易搞成家族式管理。西方是股份制的，从中世纪末到近代初期，就是派钱，股东可以来自东西南北，大家都是入股，然后最大的股东控股，大家都要对盈亏负责，中国就不是这样。因为中国的家族本位烙印太深，不只打在农业上，还打在商业上。虽说有"亲兄弟明算账"的俗语，但终归不一样，他不是股份，而是房头。所以家族式管理传统的根也扎得比较深，传统也在商业上留下烙印。

作为中国人，确实可以把外语学得很好，可以在西方的环境里住很久，但是终归作为底色、底线的传统文化，是不容易突破的。大家很熟悉的胡适先生，解放以后被骂为洋奴，说明他"洋"得很厉害。对照我们刚才说的潘有度对西洋人的观察，在婚姻方面，胡适的太太江氏，不仅不是自选的，而且还是缠足的。胡适那么聪明，中西学问都很好，非常明白什么是美或不美，什么是恋爱自由、婚姻自主。后来还编了一些资料，把他跟洋妞通信保留了下来，大家一看就知道了。但就胡适自己来说，他是知道这些东西的，但是他的底色、底线是不变的。胡适长得很帅气潇洒，他说看到过最漂亮的中国男人是汪精卫，胡适自己跟朋友讲，假如我是女的，就死心塌地爱他。当然这是撇开了一个人的事功、信仰来说的，就事论事来讲人。胡适作为美国大使，需要出席外交场合，但他太太却出不了门，缠脚虽然放了，她走路还是不稳，不方便出门。在他的日记、书信、谈话里，却没有因此觉得遗憾。我觉得这就不容易，坚守了中国人的传统文化，作为一种底色、一条底线。尽管可能西装革履，一口洋话，甚至在外国为洋人办事。

5. 问:"以夏释夷"是什么意思?

答:中国文化也叫作华夏文化,外国文化古代叫作夷狄文化,"以夏释夷"就是用中国文化去解释外国文化,"夷"这里代表外国。"夷"本意不是代表外国,而是代表四夷。因为中国的观念是天下加四夷,后来才知道有个世界。最早是中国加东西南北四夷。

6. 问:漳绒(漳缎)的制作工艺是不是与粤缎类似?

答:这个我不太清楚。丝织品的种类非常多,有厚有薄,有的有纹样,有的没有;有素的,有五颜六色的。但最后人家都认为素和淡两种颜色是最好的,那是最雅、最有档次的。中国的"雅"字有各种各样的说法,最高是"淡雅",所谓"淡雅最雅"。如果把"淡雅"用来谈人生,龚自珍讲过"百年心事归于淡"。就是说小时候有各种理想,想当工程师、宇航员,在一个阶段可以有各种想法,但是一个人能够做到什么程度,终归不以个人的意志为转移。要不天下就有一万个皇帝、很多的富翁,不会是这样的,终归是有富有不富的,最后归到一个境界问题。"淡"就是一种人生境界,一进入这个境界,人就睡得好觉了。百年的心事是很多的,最终归于淡。进入淡的境界,是一个高级的境界,是要经过很久的修炼才能达到。"淡"也跟佛是通的。心灵的污染排除了,也就变淡了,最好的菜也是淡,做菜下油下糖是容易的,但一锅鸡汤要有味而淡,是不容易做出来的。人的经历也是这样的,可以风风火火,可以很凄惨,但最后要看他有没有达到"淡"的精神境界。这些意见是作为我的感想说一说。

7. 问：如果说"百年心事归于淡",那对"文化大革命"看法是怎样的?

答:"文化大革命"不是淡不淡的问题,而是要不要文化的问题,"文化"后来变成了"武化",完全变质了。我们是经历过的,那是苦、辣这些滋味,从来没有想过"淡"这个字。

《红楼梦》怎样传入俄罗斯

(2007年11月21日下午)

《红楼梦》这部小说,相信在座的朋友很多都看过。我们今天先不谈小说本身的价值和评价,先谈《红楼梦》中所提到当时的舶来品,也就是《红楼梦》里面三个提到洋货的情节。

第一个情节是贾宝玉从怀里摸出一个金怀表。早期的表是怀表,跟现在我们的手表不同,以前是放在上身贴身口袋中,所以称怀表。小说中"像核桃大的金表",实际上这是荷兰货。当时进入中国的怀表有两种,一种是银表,是法国货,《红楼梦》描写的金壳表是荷兰货。

第二个情节是小说中的林黛玉是有肺病的,需要吃一些清肺的东西,她吃的是银耳炖雪花白糖。贾宝玉的对象林黛玉用过的舶来品是雪花洋糖,也就是西洋白糖。现在的银耳是人工培植的,比较便宜,但是野生的银耳就很昂贵,《红楼梦》中炖的是野生的。

第三个情节是刘姥姥第一次进大观园时,见到另外一个自己,吓了一跳,是因为她在贾宝玉住的地方见到一个大玻璃镜。中国很早就用玻璃,但主要是装饰品,最多是做小镜子,大块的玻璃则是进口的。

在《红楼梦》里面所描写的来自西洋的舶来品,是与文化

《红楼梦》怎样传入俄罗斯

交流相关的,在这里稍微提一提,接下来讲第一个问题,俄罗斯馆是传播《红楼梦》的载体。

我们从"俄罗斯"这个译名说起。如果用俄语读其国家、民族名称,以及译成西方语言,都只有"罗斯"两个字。中文却译为"俄罗斯",是怎么来的呢?本来应该叫"罗国"的,现在却叫"俄国"。"俄"字终归要有个来历。现在就我知道的,向大家介绍一下"俄"字如何"由无变有"。

在中国和俄罗斯之间,有另外一个民族,后来变成独立国家,就是蒙古。中俄两国的认识,蒙古起了中介作用。俄国人称中国为契丹,实际上是中国古代北方一个民族的名称,是早在唐代就已存在的民族。蒙古人这样称呼中国,俄国人也跟着这样称呼。蒙古人称俄国前面就有"俄"音,因为中国是通过蒙古认识俄罗斯,所以也跟着这样称呼。

为什么会有"俄"音呢?因为蒙古语中没有颤舌音"R",按照语言发音的规律,辅音发不出来,母音 U 就得移到前面去,U 就在 R 的前面,这时候就变成"俄罗斯"。因此,中文"俄罗斯"的称呼是从蒙古语来的。日本人有 R 音,所以就不用这么叫,而是把俄国称为"露西亚"。"露"就是对 R 音,中国就没有,受蒙古语影响加了"俄"字,这是关于题目我做的一个说明。

中俄早期关系,离不开蒙古所起的中介作用。比如说很重要的一点,俄罗斯人懂喝茶,是由于蒙古人的介绍。具体年代是 1640 年,也就是明朝末年,有俄国人从蒙古带了茶叶献给沙皇,这就是中国茶叶最早进入俄国的年代。

由于有这样的一种情况,在清代统治者心中,就把俄罗斯看成蒙古一样的藩属。蒙古在清朝是比较受优待的附属国,所以在北京有驻地,蒙古国在北京的驻地称"鞑靼馆"。朝鲜也有,称"高丽馆"。俄罗斯同样也受优待,设立了"俄罗斯馆",在城北城南各一个,简称"北馆""南馆"。

这些外国馆建立于康熙年间,俄罗斯商队到北京做生意,就临时住在这里。后来俄罗斯传教士也同样以此为驻地。商队是生意做完就走,而传教士则在此长住,常驻的传教机构名称为"俄国东正教驻北京布道团"。清朝人把俄罗斯看成蒙古之类的藩属,因此把东正教最早叫作"俄国佛教",以为他们也是拜佛的,作为神职人员的教士被称为"喇嘛"。本来他们跟喇嘛毫无关系,这是清朝人的误会。这一批所谓的"俄国喇嘛",作为宗教界人士来到北京,随着他们来的还有几位奉命来北京学汉语和满语的学生,后来正式签订的《恰克图条约》明确有规定,允许"学艺俄罗斯孩童"来华。实际上这批人全部是成年人。

一般来说,这两种身份来华俄国人数量是这样的,"喇嘛"有四五个,"学艺孩童"比较固定有 10 个名额,有时略有增减,来华年限是以 10 年为期,10 年到期就换班。实际上这是早期俄国来中国的留学生。他们来到中国,从最简单的学起,跟我们儿童读的课本一样,始自启蒙,最重要的时期便是读《三字经》。《三字经》一共是 378 句,学习的过程实际上很困难,也很辛苦;因为当时也没有俄汉词典,教材也不是为俄国人学汉语专门编写。但是因为时间长达 10 年,了解很多情况,这批人也就变成"俄罗斯的中国通",成为俄国最早的汉学家。他们的教师是由清政府负责教育事务的国子监派遣的,有两

《红楼梦》怎样传入俄罗斯

名,一名教汉语,一名教满语。学完《三字经》之后,就学《四书》,这是他们的教学计划。

这一批俄国人,尤其是随班学生,他们对中国文化有相当程度的了解,不只接触中国经典,还接触当时中国流行的文学作品。18、19世纪的时候,在北京很流行的一部作品是抄本《红楼梦》,那时还没有刻印本。凡是抄本的《红楼梦》都称为《石头记》,后来才定名为《红楼梦》。传入俄罗斯的抄本就是《石头记》,《石头记》与后来《红楼梦》有一个差别:凡是《石头记》都是80回,后来40回是其他人后加的,变成120回的《红楼梦》。传入俄国的是80回本,是在1832年(道光十二年)由俄罗斯馆中的一个留学生库尔梁德采夫带回俄国的。后来保存出了点问题,丢了2回,剩下78回保存于圣彼得堡,长期无人问津。直到1962年,圣彼得堡研究中国文学的汉学家在查看藏书的时候,发现了该抄本。

发现者俄文名是里弗京,他自己按照发音,改了一个汉化的名字叫作李福清。他是苏联科学院的通信院士,与香港城市大学还很有缘。2001年,应香港城市大学中国文化中心主任郑培凯教授的邀请,李福清来当客座教授,刚好2001年我也来这里,所以这是我第二次来香港城市大学了。李福清普通话讲得不错,但带有中国西北口音。我跟他聊天,问他汉语是从哪里学的,他说是跟在俄罗斯的陕西人学的。李福清先生主要研究中国古典文学,1962年他把抄本《石头记》找出来,到了1986年,由他牵头,中俄合作,又把《石头记》抄本从圣彼得堡引回中国,由中华书局影印出版;为了跟其他的版本相区别,称为俄藏本。把俄罗斯馆随班学生传到俄罗斯的抄本再传回中国影印，这是中俄关系解冻之后才有可能的。

第二个问题，我们讲圣彼得堡大学如何研究《红楼梦》。该书传到俄国后，也不是一般读者能够看懂的，因为没有翻译，但毕竟在大学就有人看得懂。圣彼得堡大学成立于1819年，成立得并不是很早，刚建立的时候也没有东方系。到了1855年才建立东方系，设有汉语、满语专业。这个时候培养俄国汉学家的任务，由圣彼得堡大学来承担，在北京的俄罗斯馆就成为一个单纯的传教机构。不过，东方系任教的那一批教师，原来也是出身于俄罗斯馆，即曾在北京留学10年那批人，回去教汉语、满语。

就圣彼得堡大学与《红楼梦》的文化因缘，我们分成三方面来讲。

第一个方面是收藏情况。圣彼得堡大学东方系注意收藏《红楼梦》的各种版本，除了曹雪芹的著作《红楼梦》之外，还有各种后继的《红楼梦》。比如《补红楼梦》《续红楼梦》《增红楼梦》《后红楼梦》《红楼原梦》等续编，一共有6种，圣彼得堡大学东方系都有，收得很齐。另外，根据《红楼梦》的故事改编成的剧本《红楼梦传奇》，这一种圣彼得堡大学也有收藏，以资比较研究之用。

第二个方面是研究。《红楼梦》研究最出名的是瓦西里耶夫院士，是东方系的教授。他自己是汉学家，给自己取汉名"王习礼"，有"来中国学习礼节"之意。他研究《红楼梦》后认为，这是一本写实小说，最重要的价值是描写了北京上层社会的家庭生活，俄国人可以通过这部小说，认识北京上层社会。他是从这个角度去看《红楼梦》的。因为俄国人在北京跟贵族社会是隔离的，只有通过小说来了解，他看到了《红楼梦》这一社会价值。当然，他对小说文学方面的成就也有评价。

第三个方面是教学。圣彼得堡大学的东方系相当早就把《红楼梦》作为汉语教材。大家知道，1864年是太平天国失败的年份，也就是在此之后的两年，1866年（同治五年），圣彼得堡大学就选择了《红楼梦》的部分内容做汉语口语教材。当时负责教这一门课的教师也出身于俄罗斯馆，这个人叫斯卡奇科夫。他原来也是在中国当官的，曾做过俄国驻天津领事。领事是有任期的，在卸任后回国，圣彼得堡大学聘请他教汉语。他觉得学汉语口语，最适合的教材是《红楼梦》。到了1902年，圣彼得堡大学更加明确地选择第2—4回作为他们学习中文的范本，相当于标准教材。这说明培养汉语人才的俄国大学对《红楼梦》的重视程度。

从上述情况看，有一点值得我们注意，在他们用《红楼梦》做汉语教材时，中国并没有让《红楼梦》登大雅之堂，经过"五四运动"之后，慢慢有些学校才选用《红楼梦》来学习汉语的文学语言。从这点来看，俄国还跑在中国前面。他们重视得更早，这在《红楼梦》研究史上是很突出的事件，我们能够知道也未必没有用处。因为研究《红楼梦》后来被称为红学，红学最早是开玩笑，因为清代很正经的"学"是经学，研究的是四书五经这些经典。红学研究的是小说，在人家心目中档次不高的。有这么一个说法，当时北京有些文人见面问起最近在研究什么，人家以为他是在研究经学中的某一部，研究红学者又不好意思说不是，就说在研究经学，但是少了"经"右上角那一块,那就是说在研究红学。可见,红学当初不过源于读书人相互之间的调侃而已。

如今,一旦提起红学,便不言而喻,指的是《红楼梦》研究这一桩大学问。在红学的发展过程里面,先有"旧红学",后胡适先生、俞平伯先生找到另外一条研究途径,称为"新红学"。刚才讲的俄国这些情况,可见其红学研究比较早就出现了。因此,除了"新""旧"以外,我们还可以立另外一个名称"洋红学"。

19世纪俄国的红学研究是跑在前列的,这就引出另外一个问题,俄国为什么会这样?俄国的红学是汉学的一部分,俄国19世纪汉学的特征是我们要讲的第三个问题。

汉学是世界上研究中国的学问,当中分三个系统。第一种是西洋汉学,早期主要先有英、法两国,后有德、美;第二种是东洋汉学,也就是日本汉学,他们叫支那学;第三种就是"非西非东"的俄国汉学。俄国汉学形成的情况很特殊,因为他们的汉学家是在中国经过培训的。

俄国汉学看起来有这样的特点。第一个特征是实用性很突出。

第一表现就是编工具书,他们编了形形色色的工具书,如《汉俄词典》《满俄词典》《藏俄词典》等,这些是俄国人很早做出来的,那时候做这些工具书很难,所谓"凡事开头难"。之后就好办得多,不外是增补、增订,增加一些条目或者解释得更详细。从零开始做的时候,他们就得到北京街头做访问调查,否则注出来的不是活语言;如果注的是几百年前的,那就不实用了。所以他要搜集北京正在使用这个字词的含义,虽然做起来很辛苦，但是他们仍然坚持。

第二表现就是绘制地图，地图也是非常实用的工具书。关于地图的问题，这里多讲几句。中国过去也有好多地图，中国老式的地图叫鱼鳞图，因为像一片片的鱼鳞，那是不准确的，只能标出方位。后来西方传教士把更准确、更科学的制图术引入中国。大名鼎鼎的利玛窦，他最早来中国传教，落脚广东肇庆，而不是在广州。他在肇庆绘制了世界地图。这幅地图早期还激起反对，世界地图反映的是世界面貌，中国在亚洲东部，只能够如实画出。后来利玛窦受到攻击，说他看不起中国人，把中国画偏了。本来中国应该是"坐正位"的，才算"中国"，怎么被画在太平洋的西岸呢。第二个攻击，仍离不开看不起中国，说把中国放在地球的亚细亚洲，也是看不起中国，因为"亚"就是次，"细"就是小，所以把我们摆在次小次洲。加上还没有"坐正位"，而是摆在东面，就受到很大的抵触，这是一些顽固派提出的。但在世界地图进来以后，中国人才有了世界观念。俄国人早在清代前期，就画出了北京的平面图，但我们对他们首都圣彼得堡的情况的了解要晚得多。19 世纪中期以后，中国才有人到了圣彼得堡，所以这也是一个差距。还有他们还绘制了清代分省地图。

第三表现就是俄国人选译的中国书。他们选译的是一些反映中国现状和清朝规章制度的书。比如记载清人起源的《八旗通志》，也就是满洲的历史。那时候还没有外交部，但有理藩院，俄国人经常要跟理藩院打交道，所以译了《理藩院则例》。这些书在 19 世纪就译成了俄文。可以看出，俄国汉学很注重实用性。

第二个特征是综合性。

首先表现在不是对一些细小的、具体的问题进行深入的探讨。西方一些汉学家研究中国历史上一些名人的生卒年份，这种研究就已经非常细了。但是俄国汉学家不做这种学问，而是做综合的研究。世界上第一部《中国人口史》是俄国人写的，就是在俄罗斯馆这班人写的。他们根据从清朝户部找到的人口资料，编了第一部《中国人口史》。还有就是民族史，他们最注重满族史、蒙古史和西藏史，他们都写了书。

其次，综合性还表现在把地理考察和文献记载结合起来。因为俄国和中国之间有大宗的茶叶生意，当时茶叶贸易是中俄贸易中最大宗的一项，所以对于茶路的研究是最重要的。俄国汉学家不仅研究文献如何记载，还多次来中国进行茶路的实地考察，沿途经过哪些山、水、沙漠，都研究得非常清楚。

大家可以顺带了解一下外销茶，中国茶叶是由海、陆两路运销到外国的。由广州出口的称为海运茶，海运茶早期贸易者是荷兰人，后来主要是英国人和美国人。由恰克图出口称为商队茶，商队茶就是俄国人运到欧洲的。前者用船运的，后者是用骆驼和大牛车运的。"茶"作为借词借入西方语言中，在英语和俄语中是不一样的发音。英语来自闽南话，Tea。俄语因为商队茶一路北上都是讲官话，所以称чай（"茶"音）。所以外文名称中的"茶"，反映了中国外销茶两条不一样的路，一个由海路，一个由陆路。

商队茶进入欧洲市场后，同品种的茶叶，价格比海运茶高。这是什么道理呢？大家知道，茶叶是怕水气的，而且很容易吸味。诸位如果喝茶，都知道茶叶商品标签上会说明茶要放在比较干燥的地方。茶又很容易吸味,如果茶叶跟辣椒放在一块,那就不妙了。辣椒味扩散得很厉害,茶叶又容易吸收。茶叶如果不是有这个特征,就不会产生花茶,花挥发的香味刚好被茶吸收了。商队茶是通过陆路运输的,水气少,没有海水味。茶叶经过海路运输,原来的味道会有某种程度的变化。商队茶就不会这样,进入欧洲市场后标榜是商队茶,定价就比较高。

俄国的汉学著作后来相当一部分是在研究中国茶叶的产地、种植、运销,时过境迁,可能会觉得很奇怪,为何俄国人对茶这么感兴趣。其实就是因为以上的原因。

所以今天我们从《红楼梦》如何传入俄罗斯开始,刚才这席话谈了三个问题。第一,俄罗斯馆是传播《红楼梦》的载体;第二,圣彼得堡大学东方系是研究《红楼梦》的中心;第三,19世纪俄国汉学的特征。

讲到中国的对外关系,俄国一直谈得很少。实际上关系非常密切,也很重要。比如历史上的侵略中国问题。美、英等国来华耀武扬威,为的是掠夺特权,并不掠夺土地,澳门也好,香港也好,甚至广州的沙面,这些地方都是带不走的。但是俄国的侵略是悄无声息的,主要是占领了中国黑龙江以北和西北的领土。因此,通俗地说,西方势力是伤了指头,而俄国人是断了你的指头,直接"切"走了领土。如果比较起来,这是俄国与其他西方国家明显的差异。

清朝人长期也没有觉察到俄国与他国的区别,总是把俄国看作像朝鲜、蒙古一样的藩属;俄国人也不太讲究,他们关注实利。俄国并不是清朝的藩属,但是清朝给了当藩属的好处,有藩属的优待。法国、英国这些国家，派使团正式提出要求，希望在北京设立使馆，立刻被拒，北京在天子脚下，不能有外国人的使馆。但是俄国人早在17世纪末就设立了俄罗斯馆，而且刚才讲了，一个在城北，一个在城南，这些是为西方所没有的。

另外，我们常常喜欢讲"五口通商"，广州、厦门、福州、宁波、上海等，这五口是海路跟西洋的通商。在此以前在广州做生意叫"独口贸易"。我们不要忘了，跟俄国人还有三个通商口岸。一个就在恰克图，中国人与俄国人在那里做买卖，所以也叫买卖城；另外两个是新疆的伊犁和塔城。如果讲19世纪中期以后，中国对外的通商口岸，不是五口，而是八口，三个对俄，五个对欧美。这点希望大家也清楚。如果讲中国当时只有五个口岸搞对外通商，那是不对的。后来常常只讲南方来自海洋的威胁，而忽略了北方与俄国的关系。

另外有一点，因为我们在南方，一些相关的历史事实应该知道。我们刚才讲，"俄罗斯"这个"俄"字是多出来的，但历史上也有一次译得对的。那就是1805年有俄国两条船经澳门到广州做生意，因为俄国人从来没有来过广州做生意，需要报上是哪里的船，他们报是"噜啣国"的船，这个名称译对了。清代文献中凡是加了一个"口"字旁的是不客气的称呼，美国现在听起来很美，那时候是叫"咪国"，英国写成"嘆国"，都加了"口"字，连人名都加了"口"字边，以示区别，那像一个符号。另外，洋人的译名是越译越好听的。大家如果注意的话，后来都是用吉利的字。例如阿美利加、德意志、意大利等等，从地名到人名，都可以寓褒贬于其中。因为汉字不是拼音语言，每个汉字都有形音义，一音对应多字，其中可以包含很多的含义，要褒的话可以选好字，要贬的话，就找另外一个不好的字。清末的时候被俄国人欺负得多了，在译名也有反映。Лев 现在译成"列夫"，那时译作"劣夫"，诸如此类。

有些译名译得很好听，例如可口可乐。在 20 世纪 30 年代，这个公司刚到中国的时候，就展开征集饮料译名的活动，"可口可乐"就是这次征集活动征集而来的。译者是一位工科的学生，籍贯是江西，姓蒋名伊，当时在上海读书，美国饮料公司征集译名，小蒋就去一试，果然很成功，名字一直用到现在。我很钦佩很有文化修养的工科人。"万宝路"听起来也很好，谁不要"宝"，而且还是"万宝"，还有一条"路"。

所以讲到中国与外国文化的接触，就会碰到一些像国家译名的问题。比如俄罗斯，还得做出刚才那样的说明，要不是不知道"俄"字的来历。

1. 问：当时俄罗斯还对中国什么事物有兴趣研究？

答：俄国对中国感兴趣的还是比较多的。一个是儒家经典，孔子、孟子的书，他们那时候也译了。那时候他们来到北京，学汉语的入门书《三字经》也很早译成俄文，最好的一个译本是中俄对照《三字经》，是 19 世纪中期在圣彼得堡出版，译者是比丘林，他还送了一本给诗人普希金，这一本现在还保存着，上面还有译者的签名。

刚才讲到俄国人开船来广州做生意，报的是"噜咀国"，没有"俄"字。清政府的管理是这样的，俄国人是在北方，和蒙古一样，要跟中国通商必须通过陆路，经过买卖城运货是可以的，但不可以经海路。反过来，西洋的国家是经海路通商，陆路则不能插手。清朝的管理体制，一种是北方陆路通商，一种是南方海路通商，是区别开来的。后人才意识到，海陆两路刚好对清代中国构成一种钳形攻势，跟一把铁钳子一样，一个从西伯利亚到黑龙江，另外一个从海路而来，那时候并没有觉察到。

2. 问：恰克图买卖城是在哪里？

答：恰克图现在是在蒙古和俄罗斯的边界，当时蒙古还没有独立，所以是中俄边界的一个城市。当地有一条路隔开，那边是俄国人的商馆，这边是中国人的商馆。有点像回归前的中英街，在那里做买卖。

3. 问：新红学与旧红学是以什么来定标准的？

答：新红学一个是注意版本，一个是注意作者。这是胡适特别强调的，研究《红楼梦》要注重版本，因为版本存在着一个修改的问题，不看版本不知道如何修改的。另外，书是人写的，所以一定要研究作者，这就是新红学。旧红学主要是就《红楼梦》里面提到的情节和人物，猜测是在影射清朝的张三李四。旧红学的代表人物是蔡元培，所以胡适这样讲蔡元培："蔡先生的红学研究是猜谜式的。"也就是把小说人物对应上现实人物。所以新红学前进了一步。中国的小说四大名著，《红楼梦》是后来居上，最后出来这一部，吸引了最多人去研究。

《三国演义》《西游记》《水浒传》都没有称学的，没有"三学""西游学""水学"，只有"红学"从破解影射变成专门的研究领域。

我看到有个预告，30号北京刘梦溪先生要来讲"《红楼梦》与传统文化"。《红楼梦》跟中国人文化素养连在一块，外国人那么重视，如果问起中国人有没有看过《红楼梦》，如果很隔膜，可能就不太好。当然电影、电视剧都拍过了，但终归原著是原著，不能够因为看电视、看电影而代替读原著，它不是一回事。你们如果细读，会觉得很有意思。《红楼梦》我是作为读者，并没有研究。我们现在读了以后，也觉得情节很感人。实际上《红楼梦》尤其是大观园里面住的是小孩，他们是在早恋。贾宝玉、林黛玉、薛宝钗年纪都很小，因为年纪大就得搬出大观园，那是有家规的，不能乱来，所以要把他们描写在大观园里。让一批成年男女成堆，让贾母怎么放心？所以主人公设定的年纪一定要小，但是为什么能早熟到那个程度，也确实是可以质疑的。但我们作为读者，留下来的印象，并没有想到是一批年纪很小的人发生的事，这就叫作艺术的魅力。生活里不见得那么小年纪就这么成熟，但是我们读了以后也信服，觉得很感人。这就是说，文学作品终归是文学作品，并不是事事可以跟真正的生活对号。这一点，仅供参考。

《巴黎茶花女遗事》的中华效应

（2007年11月23日上午）

今天的题目是"《巴黎茶花女遗事》的中华效应"。我们先简单对题目进行介绍。

首先说明"巴黎茶花女遗事"，这是大家所熟悉的法国小说《茶花女》首个中文译名，作者是小仲马，看过的朋友就知道，写的不是卖茶花的女郎，而是爱茶花的女郎。小说作者小仲马是法国19世纪的作家，之所以称"小"，是因为他父亲是大仲马，祖父是老仲马，仲马家族连续三代出了三个名人。祖父是法国一个著名的历史人物，不是搞文学的。父亲则是作家，作品包括《三个火枪手》《基度山伯爵》。小仲马也写了好多作品，最出名的就是《茶花女》。小仲马不只是"小"，而且是大仲马的私生子。即使在西方，私生子也是不愿意公开的。等到小仲马成年成名之后，就有朋友跟大仲马讲，儿子都大了，不要再隐瞒这个事实了，小仲马现在也是名人了。大仲马还是不以为然，但是后来也无所谓，默认了。这两位法国著名作家的父子关系就是这样的。

这部小说讲的是一个爱情悲剧。基本情节是这样的：女主角茶花女玛格丽特是巴黎的一个高级妓女，当时也被称为交际花；男主角是少爷阿芒，两人认识之后热恋。在19世纪的法国社会，一个少爷跟一个妓女恋爱，而且还想结婚的话，会有不好的社会影响。阿芒的父亲不同意让他们的关系发展下去，就想办法劝阻，但不成功。后来他父亲直接找茶花女摊牌，他的谈话挑战性很强，就问茶花女跟他儿子要好是否真心，茶花女表态说是真心。阿芒父亲说如果是真心，就得以心上人的前途为重，与他分开。你真正爱他，就得放弃他。茶花女后来也表态，为了阿芒的前途，可以与他分手，所以就一言为定了。这一幕是《茶花女》中的高潮。用中国人熟悉的话来说就是，真爱就得割爱。

这种事情不止外国写成小说，中国也有。明代就有类似这样的记载，出面阻止的则是男方的母亲。一男子跟青楼女子相好，他母亲正面干预这个事情，儿子跟母亲说她是真心对我好的，并没有要我的钱，不是想勾搭我图谋财富。他母亲的回答，不亚于阿芒父亲说的：她不要你的钱，但她要你的命！

综上所述，《茶花女》的结局就是个爱情悲剧。以上我们对"巴黎茶女遗事"的故事梗概大致进行说明，但是想了解详情，还得看原著。

第二个要说明的是"中华效应"。我们要讲的是故事传入中国后，引发哪些文化效应。这种效应不是全民中引起，更不会在农民中引起，而是在知识精英中引起的效应。

以上是对于题目所作的一点说明。

我们再讲一讲"茶花"的西文词源。上回讲到欧洲的茶是从中国传过去的，西欧、东欧的茶都来自中国，但"茶"在英语、俄语中发音不同。"茶花"这个词，英语 camellia 和俄语 Камелия 发音是相似的，跟"茶"的情况不一样。这个词怎么来的呢？它来自一个人名——卡梅尔。他是一位耶稣会的传教士，1688年被派到菲律宾传教。到达之后，除了传教，他还调查当地植物的生长状况，著有《吕宋岛植物志》，当中也描述了茶花的生态。后来书出版不久，卡梅尔便因病去世，年仅46岁。瑞典著名的植物学家林奈，他所创立的生物分类系统与命名法，影响持续至今，为了纪念这位记录菲律宾茶花的卡梅尔，林奈就用他的名作茶花的学名。这就是西文中茶花名称的由来。

"效应"最主要是出现在清末民初。《茶花女》译成中文，译者是著名的翻译家林琴南（1852—1924），即林纾。他是福建人，不懂外语，先由懂外语的人口译给他听，然后他进行笔录，据说他的笔录速度与口译基本同步。他一辈子翻译的西方小说共有156种，总计1000多万字，以英法小说为主。1897年，他译了第一本小说，甚至可以说是最出名的一本，就是《巴黎茶花女遗事》。如果从法文原文来讲，小说名只有"茶花女"三字。

林琴南在翻译史上的地位非常特殊。翻译这本小说的时候他45岁，那一年他太太刘琼姿去世。中年丧妻，他很伤心，始终没有办法走出丧妻的阴影。他有一位懂法语的好朋友王寿昌，劝他不要沉溺于悲痛之中，建议一起译小说解解闷。林琴南经这么一劝说，也觉得不妨一试。两人便一个口译，一个笔录，笔录实际上是进行再创作，按照这个故事用中国古文来写。1899年在福建印了100本非卖品，送给有关的朋友阅读，这100本问世后，影响很大，第二年就公开发行，后续印了很多次，轰动一时。

《巴黎茶花女遗事》的中华效应

同为福建人的另一位翻译家严复,他在英国留过学,精通英文,他曾写过一首诗,其中有两句就讲《巴黎茶花女遗事》的中华效应:"可怜一卷茶花女,断尽支那荡子肠。"就是说《茶花女》问世以后,让中国很多风流才子如痴如醉。

那为什么会这样呢?是因为《茶花女》跟中国旧式的言情小说不一样。中国旧式言情小说有两个特点:第一是才子配佳人,所以言情小说也是才子佳人小说;第二是大团圆结尾,不是悲剧结尾。《茶花女》完全不是这样的,茶花女跟阿芒分手后,很快就病死了,年仅二十几岁,才子并没有跟佳人达到大团圆的结局。

这种悲剧,在我看来,跟中药一样,喜剧是甜味的药,悲剧是苦口的药,但是能净化人的心灵、人的感情的是悲剧,正如良药苦口。有些喜剧笑笑也就过去,当然喜剧有喜剧的作用,但最伟大的戏剧是悲剧。

《茶花女》悲剧的结局,在中国引起了一系列的连锁反应,这就是我们重点要讲的"中华效应"。

第一个效应就是译,刚才已经稍微提到;第二是演;第三是评;第四是吊。《茶花女》的"中华效应"是连锁的反应,译本、戏剧、评论、凭吊接连出现。下面按照这个顺序讲一讲。

林琴南在翻译过程中非常受感动,自言"掷笔哭者三数"。其实《茶花女》的篇幅并不大,但在翻译过程中,他好几次为里面情节所感动,以至停笔译不下去,"掷笔"原本是把笔扔掉,这里是指搁笔,而且不止一次搁下来。

重点我们讲第二个效应——演。小仲马写了这部小说后,自己又把它改编为话剧。话剧这种艺术形式产生于19世纪中期的欧洲。1851年，刚好是中国太平天国起义的那一年，《茶花女》被改编为话剧。到了1853年，改编为歌剧，作曲的是意大利著名的音乐家威尔第。《茶花女》后来广受欢迎，成为歌剧史上经久不衰的经典之作，至今在世界各地剧院不断上演。但是1853年威尼斯首演却是失败的，这与作曲家和剧作家都有关系。歌剧史上这样记载：乐团派人安慰威尔第，表示不要因为首演失败而伤心。威尔第说我不伤心，是演奏的人没有领会我的音乐，不是我的音乐不好，可见他信心十足。这个消息又传到小仲马那，小仲马说50年后也许我的小说会被忘记了，但是威尔第的音乐将使我不朽。可见，作曲家和小说家都对这部作品充满着信心。

《茶花女》话剧由中国人演出，首先不是在本土，是由留日学生在东京演出的。首演时间是1907年2月11日，刚好到现在100周年。今年也是中国话剧诞生的100周年，中国话剧史的开端就是留日学生首演《茶花女》。

当时的演出是由李叔同也就是著名的弘一法师牵头。李叔同是天津人，后在上海居住，他从上海去东京留学，与一批留学生在东京创办艺术团体——春柳社。他们的创社宗旨是"开通民智，鼓舞精神"。他们策划并排演此剧，由李叔同扮演女主角茶花女。当时的留学生喜欢留胡子，当然头上那条辫到日本后就剪掉了，他为了演茶花女，剃掉了胡子，按照巴黎的装束来打扮。

这一场演出实际上也是义演，因为当年淮河闹水灾，很多灾民流离失所，他们就在东京演《茶花女》募捐救灾。当时演的只是茶花女的第三幕，也是全剧的高潮，也就是阿芒的父亲找茶花女摊牌的那一幕。有记载提到，当时观众有2000多人，有留学生，也有日本朋友。不少观众后来成为知名人士，其中一位是秋瑾。

总体来说，这次演出博得好评。李叔同作为留学生，能够男扮女装演茶花女，并取得很好的演出效果，可以说是"三多"：多才多艺多情。这样一个人，居然能"急转弯"，大家知道，他后来看破红尘当和尚。1907年演出茶花女，1918年他在杭州出家，法号弘一，所以才称他弘一法师。他出家修持的是戒律最严格的律宗，也就是用大量的清规戒律来约束自己的南山律宗。后来，他长期住在泉州，最终也在泉州圆寂，现在泉州的开元寺还有一个他的纪念馆。大家如果到泉州旅游，开元寺是必去的，也不要忘记看看弘一法师的纪念馆，因为这个人的事迹很感人。

他是中国最早会弹钢琴者之一，也是一个画家，他从日本回来以后，先后在杭州、南京的美术学校当教师，著名画家丰子恺是他的学生。他的教育思想很先进，师生关系很好，学生中难免有调皮捣蛋的，李叔同对学生绝对不批评，而是劝说他们，最后还有一个动作，他会向学生鞠躬，说："谢谢你了。"所以他的学生后来在回忆的时候就说，不怕李老师批评，就怕他鞠躬，他鞠躬就不好办了。

李叔同的艺术造诣、道德修养都很高。出家前是文化名人，出家后仍然是文化名人。像他这样的经历，很多人很难理解，音乐、演戏、画画，什么都会，后来遁入空门，严格遵守佛教的戒律，跟后来一些职业化的和尚大异其趣。现在有一些禅房是有空调的，出门是小汽车，吃得很高级，素菜比荤菜还贵。但李叔同就不一样，看他留下来的照片，身穿一套旧袈裟，脚踏一对烂草鞋。

这里再介绍一句诗"深悲早现茶花女"，是已去世的中国佛教协会会长赵朴初为悼念弘一法师而写的。说的是弘一法师早年演《茶花女》时，已经流露出深刻的悲剧意识，而在临死的时候他又写了四个字"悲欣交集"。

关于演出的事情就讲到这里。

第三个效应就是"评"，我们接下来讲关于《茶花女》的评论。早期的评论沿袭中国古代才子佳人的旧调，比如说茶花女是倾国佳人。吴东原写了《茶花女本事诗》："天生丽质曰马克，似此佳人难再得。少小名噪巴黎市，一顾倾城再倾国。"茶花女很容易让人产生一种比附，把她比附成中国倾国倾城的佳人。另外也容易把她看成是红颜薄命，连林琴南翻译的时候都不可避免。有人统计过，林译本中"薄命"出现了5次，这是小仲马小说里面没有的，法国人怎么会写"薄命"这个词呢？但中国人就用了，而且用得很顺。

到了20世纪初，学者的评论又不一样。钱锺书的父亲钱基博，他的《现代中国文学史》对林琴南的译文作了很高的评价："盖中国有文章以来，未有用以作长篇言情小说者，有之，自林纾《茶花女》始也。"另外历史学家陈寅恪，他说林琴南的译文是仿唐人小说体，就是用唐人小说的笔法来翻译小仲马的《茶花女》，这一讲法是准确的。

第四个效应就是"吊"，也就是凭吊。在巴黎有一个著名的墓地叫蒙马特公墓，茶花女的墓就在那里。因为茶花女这个艺术形象是有原型的,是巴黎一个很有名的妓女,叫玛丽·杜普莱西,这是真实存在的人,生卒年份是1824—1847年,23岁就去世了。小仲马是以杜普莱西的事迹为原型,创作了《茶花女》。所谓茶花女的墓,就是杜普莱西的墓。

1912年,刚才提到的陈寅恪教授23岁,他正在巴黎大学留学,就去凭吊过茶花女的墓。到他晚年,还对这件事情念念不忘。1963年,也就是半个世纪之后,他回忆起巴黎的这件往事,他写了诗,可惜诗在"文化大革命"中被抄走,我们不知道诗里究竟发了什么感想。当年原本已经双目失明的他,不小心摔了一跤,右腿粉碎性骨折,在广州住院差不多半年。躺在病床上的他,越想越远,想到了半个世纪前的1912年在巴黎留学时到茶花女墓前凭吊的情景,然后发了一通感慨。当中一定很精彩,可惜那首诗现在已经找不回来了,我们只知道有这样一回事。如果陈寅恪有一首关于茶花女的诗,那今天讲起来可能内容就更丰富。

以上我们讲了茶花女在中国的四个效应。小仲马的《茶花女》在进入中国以后,译、演、评、吊四个效应都是在中国的社会精英里面引起的强烈反响。所以正如严复的诗所言:"可怜一卷茶花女,断尽支那荡子肠。"

从上面这四个效应,我们可以做一个初步分析,这些轰动效应究竟有什么文化机制?也就是说,如何从文化上来认识这种轰动效应?因为现在的轰动效应,在座诸位也知道,是靠人为炒作。我刚才介绍这四个效应,没有人去炒作。现在的炒作相当多,很多是靠传媒的力量去包装、推销。但是,清末《茶花女》在中国引起的轰动与此无关,那个时候还没有出现这种行业。可以说，既没有炒作，也没有粉丝。但为什么又会有这种轰动效应呢？值得我们从文化上去探讨。

第一，就小说原著的情节来看，刚才讲了这是一个悲剧，很肤浅的悲剧是怎么写呢？就是坏人干坏事，产生了悲剧，这种是最肤浅的。深刻的悲剧不是由坏人制造的，是由矛盾促成的，在事物的矛盾、人际关系中的矛盾促成一个悲剧的产生。

茶花女里面没有坏人，有三大主角和两对关系。第一对关系是父子之情，就是阿芒和他父亲。父亲的干预，是爱子心切，体现的是父爱，担心儿子混下去会丧失前途，所以他要出面制止，这是爱子之心。这不仅不是坏主意，而且还是一种很高尚的父爱。第二对关系是男女之情，阿芒与玛格丽特的爱情是真爱，不是虚情假意。两种真情撞在一起，居然让两种关系可以破灭、可以同归于尽：后来父子关系僵了，恋爱关系也破灭了，这都是悲剧。

由于有这样的情节描写，才产生了深刻的矛盾，引发了深悲，即里面包含很深刻的悲剧意识。这是读者从小说里看到的，所以才引起轰动。悲剧很多，但像这样深层次的悲剧，才会如此感染人。

刚才讲的是小说，第二接着讲话剧。从话剧来说，为什么会引起轰动呢？话剧的台词是白话，不用唱，传统中国戏剧的戏文是文言的，包括最近来到香港城市大学表演的昆剧，剧中还有典故之类的文字，还不只是一般的文言文。但是《茶花女》作为一部话剧演出，用的是很贴近生活的白话，台上台下的人有共同语言。1907年《茶花女》首演的时候，还是在五四运动之前，可以这么说，《茶花女》实际上成了新文化运动的前奏。这样的一个历史地位值得我们注意，它不只是演出一幕戏的问题，而是白话话剧是一个新品种，中国历史上没有过。中国人的舞台上第一次出现话剧是《茶花女》，所以中国话剧运动一百周年才从《茶花女》算起。这是第二个造成轰动的原因。

第三个值得注意的是，文化的引进重在及时，不是重在准确。与引进的时候刚好有气候、土壤和需求关系很大，跟准确与否关系不是特别大。刚才讲了《巴黎茶花女遗事》这个译本，其实已经打了好几个折扣。译者不懂外语，是靠他人口译进行二度创作。从准确性来说，不如后来根据法文本逐句翻译的版本。但是后来几个版本，例如人民文学出版社的版本，完全是精通法语的人按照原著译过来的，却只有文学界的人去看，不会再有那样的效应了。一般我们会想，不准确的译本已经如此轰动，那准确的不就更轰动了吗？但事情就不是这样。所以正是这一点值得注意。文化的引进重在及时，而不是重在准确。

在《茶花女》引进中国时，"及时"两个字作何解呢？19世纪末的中国，连续出现了社会危机，甲午中日战争（1895年）、戊戌变法（1898年）、义和团运动（1900年）接踵而来。所以在这五六年间，整个中国社会动荡得很厉害，社会危机难免会在社会精英中产生精神危机。他们心情苦闷，对中国社会甚至个人的生活道路，究竟该往何处去有很多彷徨。所以，一部这样的小说引进到中国，虽然绝对不会给中国人指明出路，但是打开了另一个眼界，《茶花女》主要起到的是这样的作用。

读《茶花女》跟读言情小说收获不一样，可以达到"开通民智，振奋精神"的目的。刚才说过，这是李叔同创立春柳社的宗旨。这等于投放了一副良性的苦药给中国人，平常吃惯了甜甜腻腻的东西，在社会危机中，引进一个外国作品，让他们尝到了新口味，开了新眼界。

这种现象不只是《茶花女》。比如严复，他留学英国，中英文都通，他把达尔文的进化论引入中国，将赫胥黎介绍进化论的著作《进化与伦理》（*Evolution and Ethics*）译成《天演论》，天演论指的就是进化论，如果把严复的译文跟原文对照，会有很多出入的地方。后来又是一样的情况，根据英文原著精准重译的版本，就没有这样的轰动效应了。只有读生物学的人看，这一行之外的人不会去读了。但引进《天演论》的时候，就是大量的知识分子都把它当作一种新知识去阅读和传播。

我们想想严复为什么要把进化论改造成适合中国人口味的《天演论》。不是因为他不懂翻译，他跟林纾不一样，严复可是精通英文的，而且现在翻译"信、达、雅"的三字原则就是他定的，这正是他在《天演论》译者序中提出的翻译标准，所以他对翻译是很内行的。但要把达尔文的进化论引入中国，向中国人介绍，就得译成《天演论》，书中有两句话深入人心："物竞天择，适者生存。"这两句话很重要，差不多已经变为成语了。这对于当时整个知识界和忧国忧民的人鼓舞很大：中国在世界上跟列强碰到一起，这也是一种生存竞争，如果再不变化求存，就要被淘汰。这就是《天演论》译名的由来。该书把自然科学的知识转化为一种社会理论，鼓舞了那一批忧国忧民的人，去为中国找出路，这就起到了启蒙的作用。

讲到这里，我顺带补充一句，"进化"是西学东渐后输入中国的重要观念，但不只有这一个，输入的还有"世界"和"革命"这两个观念。这三种观念如果排顺序的话，是先有世界的观念，再才有进化的观念，最后是革命的观念。因为原来中国心目中是没有世界观念的，中国过去只有天下的观念，天下不是世界，天下是中国加东西南北周边民族。第二是没有进化的观念，过去有的是循环的观念。第三是革命的观念也没有，只有改朝换代的观念，就像明朝代替了元朝，清朝又代替了明朝。世界观念、进化观念、革命观念都是从外国输入中国的文化观念，在中国这里生根，引起中国社会、中国文化的转型，一直通到现在的21世纪。

刚才讲到文化引进产生轰动效应的机制，这里还可以提供一个观点，供大家参考。在文化交流中，最有影响的，不等于最重要。

上一次我讲到在俄国最有影响的是《三字经》，但《三字经》不是最重要的中国古代经典，四书五经才是。但《三字经》入俄后，为很多俄国人所熟知，《大学》《中庸》可能还不为他们所知。

在日本也是这样的情况。日本吸收了大量唐代的文化，在日影响最大的唐代诗人是白居易，而不是李白、杜甫。论唐代诗人的地位，白乐天当然比不上李白、杜甫，但是日本的古典小说《源氏物语》中引白居易的诗有几十处，可知他影响之大。连《长恨歌》都在日本产生一个传说，说杨贵妃并没有死，而是逃亡到了日本。这当然是编出来的，但可以看到影响之深。在座诸位如果到东京旅游，在浅草的街道，就会看到边上挂了很多类似古代的市招，写着"白乐天酒家"之类的字样，店名都用白居易的名字，而且连续出现，不怕重复。可见，虽然唐诗造诣白居易不及李、杜，但在日本的影响却超过李、杜。

这是第二个现象要注意，最有影响的不见得是最重要的。刚才讲了，重在及时，不是重在准确，又是另外一种情况。这说明文化交流中的复杂性是要作分析的，就不会简单化、想当然，认为总是重要的影响大，未必是如此。

因为这是本次系列讲座的最后一讲，我自己讲完了也觉得很奇怪，等到讲完了才想起这个事情：开头第1讲是茉莉花，最后第10讲是讲茶花，刚好花开花落。"花"包含了物质文化、精神文化，这两样都包含在里面。

一般来讲，物质文化属于互通有无。我们有的时候就不需要引进，我们引进的必定是我们没有的，所以物质文化普遍受欢迎。比如冰激凌最早传入中国，那当然也是好吃的，以前没有吃过，就有一些附会，说中国古代讲雪是有颜色的，不就是这个吗？这种食品是欧洲人发明的，尼泊尔王子19世纪末到圣彼得堡，第一次尝了冰激凌，拍案叫绝，说一辈子都没有吃过这么好吃的。他虽贵为王子，但在尼泊尔怎么会有冰激凌，吃了以后，大开眼界。所以物质的东西，由于原来没有，很容易接受。

另外一个，可是困难重重，那就是精神文化的引进。因为精神文化的一些主张，会牵涉好多利益集团的盛衰褒贬，既然是这样，就容易缩小精神文化的传播范围，甚至最严重的成为禁书，不准流通。物质产品这一种，甚至一些连有毒的也还不禁，比如历史上鸦片也曾经开禁过。物质产品中的毒药不禁，精神产品中则很容易被封为毒药而遭禁。所以在考察文化问题的时候，又得把物质文化和精神文化区别开来，不要笼统去讲文化，说新的进来，总是受欢迎的，那未必，要看来的是什么东西，要辨别文化的复杂性。

1. 问：广州十三行有没有会说中英文的买办？就是可以作为中间人跟外国人做生意的，他们是如何训练的？

答：是有的。中介人上次讲过，中国唐代开始叫作牙人，等到广州设立通商口岸的时候，因为洋人的船不是靠在珠江边的，而是停泊在黄埔，日常用品需要委托当地人去买，这些帮手就成为买办的萌芽，西方这种职业叫作 Compador，早期在广州口岸译为"糠摆渡"，后来在上海称买办，比较好听。这种职业最早是在广州出现的，珠江三角洲也就成了中国买办的故乡。具体来讲，买办的故乡最集中于珠海市唐家湾，早期很多买办姓唐的，这些买办在上海可以左右金融市场。他们做的是洋行生意，是洋行的买办。十三行也跟一些买办打交道，但十三行商人自己没有直接转化为买办，他们不会放下架子自己去当外国人的买办。因为早期买办并不是体面的，但后来变成在洋人的商行里做事，就很体面了。用我们现在的话来讲，一条领都变白了——成了白领，最早就是指在洋行中当买办。

后来买办形成了一股很大的社会势力，那是发生在上海。广州虽然通商很早，买办起源在珠江三角洲，但这种力量却是在上海形成的。因为第二次鸦片战争（1856 年 10 月至 1860 年

10月）以后，上海迅速发展，广州退居次席，上海坐上第一把交椅。近代买办资产阶级，他们最主要的收入是靠佣金，洋行是他们的衣食父母。那时资产阶级分成三种，另外两种是官僚资产阶级和民族资产阶级。

2. 问："糠摆渡"这个名字是怎么来的？

答：这个是译名。早期一些译名古古怪怪的，不会译得好听，"渡"是渡船的"渡"，"糠"是喂猪的"糠"，带有贬义。到上海译得比较好听，取其义就是买办。中国译名很奇怪，有些译得很好，一直到现在我都很欣赏，比如说club，译成"俱乐部"，至今仍然使用。还有如果到威尼斯旅游，或者到澳门刚刚开张的"威尼斯人"，就可以看到威尼斯的游艇Gondola，女作家冰心就把它译成了"共渡乐"。香港人很会译名，好多外国商标都是在香港译成中文以后，然后再传入内地，非常应义。

3. 问：《红楼梦》算不算一个大团圆的爱情小说？

答：《红楼梦》作者自己没有写完，但看起来结局是悲剧的。后来高鹗续了后四十回，不管怎么说，他的续写维持了《红楼梦》悲剧的结局。我所讲俄国人收藏在圣彼得堡的那些《红楼梦》续作，好多就加了团圆的结尾，但是高鹗就没有。有红学家认为，假如曹雪芹继续写下去，结局可能要比我们现在知道的更悲惨。所以《红楼梦》得到高度评价，也与此有关，打破了才子佳人大团圆的老套，变成一个悲剧的结局。而且这也跟我们刚才讲的差不多，它是由矛盾所产生的悲剧。

贾母对孙子很是疼爱，长幼情很深，她疼爱也包括干预，她认为宝黛两人不合适，说贾宝玉和林黛玉的婚事，就是被贾母背后这只黑手给破坏的，也没有错。但是实际上，就像我刚才讲的那样，她是长幼之爱。祖母爱孙子，考虑的是他的前途，但宝黛两人又是那样的关系。《红楼梦》里面还有很多这样的矛盾关系，例如主子跟丫头的关系。

《红楼梦》里有几个坏人，但不是左右命运的人，左右命运者是正经的。最有教育意义的是好人办坏事。坏人办坏事不出人意料，坏人搞鬼所产生的悲剧，不能教育谁。但是我们在日常生活里面，受到教育与震动的，恰恰是好人办坏事，这就叫作可悲。各种好人，动机不一样，碰撞到一起，反映在文学作品中就成了悲剧。大体上就是这样。

讲座结束，友谊长存！

附录：《巴黎茶花女遗事》的中华效应

一、题解

19世纪末，法国作家小仲马（1824—1895）的小说《茶花女》传入中国，译本畅销，风靡一时，在晚清人士中引发持续的轰动效应。所有这些，既是重要的文化现象，又是重要的社会现象，值得后人回顾。

关于书名的来历，略加说明如次。

《茶花女》原为法文 *La Dame Aux Camélias*，花名源于人名卡梅尔（George Joseph Kamel，乔治·约瑟夫·卡梅尔），耶稣会士，1688年奉派到菲律宾传教，46岁病死，遗著《吕宋岛植物志》，著录当地山茶花的性状和品种，是他调查发现的。经瑞典植物分类学家林奈（Carl Linnaeus）确认，按例以人名作为茶花的学名（Camellia）。小说女主角玛格丽特，是巴黎著名的"交际花"，喜欢在剧场度过夜生活，随身带三件东西：一副望远镜、一袋蜜饯和一束茶花。一月之内，她25天带白茶花，5天带红茶花，因而被人加上"茶花女"的外号。意为"爱茶花的女郎"，并无别解。

附录:《巴黎茶花女遗事》的中华效应

二、林纾与《茶花女》的译述

林纾(1852—1924),字琴南,号畏庐、冷红生,福建闽县(今福州)人。1899 年发表第一部译作《巴黎茶花女遗事》,书前有"小引"云:

> 晓斋主人归自巴黎,与冷红生谈,巴黎小说家均出自名手。生请述之。主人因道:仲马父子文字于巴黎最知名,《茶花女马克格尼尔遗事》尤为小仲马极笔。暇辄述以授冷红生。冷红生涉笔记之。①

关于林纾译西书之原始,黄濬有更详细的记述:

> 世但知畏庐先生以译《巴黎茶花女遗事》始得名,不知启导之者,魏季渚先生(瀚)也。季渚先生瑰迹耆年,近人所无,时主马江船政局工程处,与畏庐狎。一日,季渚以告法国小说甚佳,欲使译之,畏庐谢不能,再三强,乃曰:"须请我游石鼓山乃可。"鼓山者,闽江滨海之大山,昔人所艰于一至者也。季渚慨诺,买舟导游,载王子仁先生并往,强使口授,而林笔译之。译成,林署冷红生,子仁署王晓斋,以初问世,不敢用真姓名。书出而众

---

① 小仲马:《巴黎茶花女遗事》(林译小说丛书),北京:商务印书馆,1981 年,第 1 页。

哗悦，畏庐亦欣欣得趣。①

游石鼓山、译《茶花女》，看似一次闲适郊游的产物，实则是林纾为"遣悲怀"而实现的精神解脱。他的爱妻刘琼姿1897年病故，林纾中年（45岁）丧妻，陷入伤逝的悲痛而难以自拔，友人魏季渚才有这样的安排。

这部王述林译的古文体悲情小说，是晚清文坛的奇葩。用心，用情，用笔，都是独具一格的。钱锺书先生在《林纾的翻译》中早已指出：

> 在林译第一部小说《巴黎茶花女遗事》里，我们看得出林纾在尝试，在摸索，在摇摆。他认识到"古文"关于语言的戒律要是不放松（姑且不说放弃），小说就翻译不成。为翻译起见，他得借助于文言小说以及笔记的传统文体和当时流行的报刊文体。但是，不知道是良心不安，还是积习难改，他一会儿放下，一会儿又摆出"古文"的架子。古文惯手的林纾和翻译生手的林纾仿佛进行拉锯战或跷板游戏；这种忽进又退、此起彼伏的情况清楚地表现在《巴黎茶花女遗事》里。②

---

① 黄濬著，李吉奎整理：《花随人圣庵摭忆》上，北京：中华书局，2013年，第349页。

② 钱锺书：《七缀集》，北京：生活·读书·新知三联书店，2001年，第112页。

林纾的尝试总算有成果，旗开得胜，不胫而走。尽管译文中红颜"薄命"的传统笔法出现5次，仍令读者耳目一新，产生了罕见的轰动效应。

三、社会效应的具体表现

光绪二十五年（1899）初，《巴黎茶花女遗事》初刻本刊行于福建，印100册，非卖品，只在"朋友圈"中流通。不久即成为热门书，大量翻印，风行海内。1904年，林纾的同乡严复曾赋诗惊叹："可怜一卷茶花女，断尽支那荡子肠。"这首名为《甲辰出都呈同里诸公》的诗，虽套用唐代刘禹锡《赠李司空妓》的句式："司空见惯浑闲事，断尽江南刺史肠。"却表达了异于前代的社会心理，流露出"荡子肠"中的新意识，也许可以勉强称之为反封建意识吧。当然，用封建意识来抒写读后感的也不乏其人，如吴东园的《茶花女本事诗》，就仍弹"倾国佳人"的老调："天生丽质曰马克，似此佳人难再得。少小名噪巴黎斯，一顾倾城再倾国。"读者群中，既有名流，也有俗客，还有一位年正少壮的齐白石。他为《巴黎茶花女遗事》写了八个字的评语："人间恨事，天下妙文。"① 真想不到，白石老人也是赏花人！更想不到的是，仿作也出现了。1907年，钟心青著的《新茶花》小说，可作东施效颦之例。②

---

① 马明宸：《借山煮画——齐白石的人生与艺术》，南宁：广西美术出版社，2013年，第96页。

② 钟心青：《新茶花》，清光绪三十三年（1907）上海申江小说社刊本。

最轰动和最集中的社会效应,并不是读书,而是演剧。《茶花女》的作者小仲马,于 1851 年亲自将小说改编成话剧,作曲家威尔第又于 1853 年将其改成歌剧。从此之后,茶花女就上舞台说话和唱歌了。西风徐来,使晚清留日的中国学生也受到吹拂,竟在东京搬演《茶花女》遗事,揭开了近代中国话剧运动的序幕,下面作一简介。

赴日留学,是晚清知识界的新潮流。1907 年 2 月 6 日,日本官方宣布:中国留日学生共 17860 余人①,主要集结于东京。以"开通民智,鼓舞精神"为宗旨的春柳社,是留学生中的进步团体。创建者李叔同(1880—1942),出身天津书香门第,1905 年到日本东京,入美术学校学习西洋画,是个多才、多艺、多情的热血青年,为赈灾(淮河灾民)发起义演,剧目就是《茶花女》。李氏男扮女装,粉墨登场。为表现女主角的苗条身段,他不惜减食束腰,练声练舞。1907 年 2 月 11 日,话剧《茶花女》在东京公演,观众两千余人,大获好评。值得一提的是,观众席上有女侠秋瑾,仅仅五个月后,她就在浙江绍兴大通学堂督办任上,因谋起事不成而被杀害了。

演出成功,李叔同百感交集,写了《茶花女遗事演后感赋》,情悲意切,非同凡响:

> 东邻有儿背佝偻,西邻有女犹含羞。
> 蟪蛄宁识春与秋,金莲鞋子玉搔头。

---

① 郭廷以编著:《近代中国史事日志》下册,北京:中华书局,1987 年,第 1269 页。

附录：《巴黎茶花女遗事》的中华效应

> 誓度众生成佛果，为现歌台说法身。
> 孟旃不作吾道绝，中原滚地皆胡尘。①

诗中有"谶"，七言等于预言，"誓度众生成佛果"，果然在他后半生中充分展开了。1918年，李叔同在杭州定慧寺剃度为僧，法名演音，法号弘一。随后长期驻锡闽南，弘法传人，成为名扬海内外的一代高僧。1942年10月13日圆寂于泉州温陵养老院，留下绝笔"悲欣交集"四字。多年之后，赵朴初先生在追念弘一法师的诗里，有"深悲早现茶花女"之句，堪称知人论世了。

茶花女的原型，是巴黎名妓玛丽·杜普莱西（1824—1847），其死后葬于蒙马特公墓。20世纪旅法的华人，不少人因受林译小说影响，成了茶花女墓的吊客。1912年，正在巴黎大学深造的陈寅恪先生，时年23岁，也曾亲访其墓，久久难忘。经过半个世纪，他76岁忆及此事，还赋诗追念，一往情深。全诗已佚，只存一个长长的诗题：

> 癸卯（1963）春，病中闻有人观巴黎茶花女连环图画，因忆予年二十三旅巴黎曾访茶花女墓戏赋一诗，今遗忘大半，遂补成之。光绪中，林纾原名群玉，仿唐人小说体译小仲马《巴黎茶花女遗事》，其文凄丽，为世所重。

---

① 李叔同：《李叔同诗词集》，桂林：漓江出版社，2012年，第29页。

后有玉情瑶怨馆本，镌刻甚精，盖出茶陵谭氏兄弟也。①

寅恪先生病中补成的早年诗作，虽未能传世，但据诗题可以推知，其中必有深沉的历史咏叹。不言而喻，他在"颂红妆"（柳如是）之前，已经颂过"洋红妆"（茶花女）了。这段金明馆的掌故，证明林译《巴黎茶花女遗事》的中华效应，确实既深且远。陈氏八字："其文凄丽，为世所重"，可作定评。

四、晚清西来文化激素之命运

晚清的中国社会，危机四伏，包括民族危机、统治危机和精神危机。表现为具体的历史事件，就有甲午海战、戊戌变法、八国联军、同盟会革命活动等。随着社会的动荡，思想文化也动荡起来了。

明清之际的西学东渐，如罗明坚的《天主实录》（1584年刊于广州）、艾儒略的《西学凡》（1623年刊于杭州）等等，都是西学与神学的混合物，由洋人"送来"的。至于国人"拿来"的，则是晚清的新动向。作为西来的文化激素，这些世俗性读物，既有"情"的，又有"理"的。前一类可以林译《巴黎茶花女遗事》为代表，后一类则首推严复（1854—1921）的《天演论》。他选取英国启蒙思想家赫胥黎的名著《伦理与

---

① 蒋天枢：《陈寅恪先生编年事辑（增订本）》，上海：上海古籍出版社，1997年，第174页。

进化》，用古文笔法译述，坚持"信、达、雅"原则，1898年正式出版，比林译《茶花女》还早一年。十多年后，此书版本超过30种，畅销全国。据胡适回忆：

> 《天演论》出版之后，不上几年，便风行到全国，竟做了中学生的读物了。读这书的人，很少能了解赫胥黎在科学史和思想史上的贡献，他们能了解的只是那"优胜劣败"的公式在国际政治上的意义。在中国屡次战败之后，在庚子、辛丑大耻辱之后，这个"优胜劣败，适者生存"的公式确是一种当头棒喝，给了无数人一种绝大的刺激。几年之中，这种思想像野火一样，延烧着许多人的心和血。"天演""物竞""淘汰""天择"等等术语渐渐成了报纸文章的熟语，渐渐成了一班爱国志士的口头禅。①

至于林译《巴黎茶花女遗事》为什么也是"一种绝大的刺激"，金克木先生是将它放到上海滩上去理解，指出在时人眼中，这部小说既是爱情的悲剧，又是道德的喜剧：

> 为什么《巴黎茶花女遗事》（一八九八年）能风靡一时？将此事和差不多同时的《孽海花》（一九〇四年）等一对比就可以明白。那正是上海滩上昏天黑地之时。妓院和赌场成为官僚政客文人豪士的聚会之处，又是交易场所

---

① 胡适：《四十自述》，载曹伯言选编《胡适自传》，合肥：黄山书社，1986年，第46页。

即情报总汇。同时还有不少人发出世道人心不古的慨叹。用当时中国人的眼光看，这部法国小说中有嫖，有赌，有情，有义，又有道德规范终于战胜一切罪恶。亚猛正如同《会真记》中的张生"善补过"，马克（马格尼特）也如《西厢记》中的莺莺"善用情"，一般无二。同是爱情的悲剧，道德的喜剧。于是古代心情，现代胃口，西装革履在妓院中赌场上讲道义，巴黎小说遂化而为上海文学了。自然得很，何足为奇？①

经过以上的对比，可知两书的效应同中有异：《天演论》说的是"理"（进化），《茶花女》谈的是"情"（人性）。不过，异中也有同：无论严译还是林译，都是名译，但也都是不忠于原著的意译。由于其"意"切合晚清社会潮流之意，也即在"礼崩乐坏"中寻觅生机，因此才能成为精神兴奋剂，激起千重浪，引发出跨世纪的社会效应。历史昭示后人：书之传不传，书之显与晦，不以个人为转移，而取决于时代。著述如此，译述也是如此。用句似玄非玄的话来说，正所谓：时也，运也，非人力所能强也。一部文学接受史，也是一部社会变迁史。

附记：本文据作者2007年11月23日在香港城市大学中国文化中心的讲演修订而成，纪念林纾《巴黎茶花女遗事》出版120周年。

---

① 金克木：《中国文化老了吗？》，北京：中华书局，2016年，第157—158页。